CARLOS TRILLO
Guión

EDUARDO RISSO
Dibujo

Los misterios de la Luna Roja

3. El reino de Nunca

NORMA
Editorial

OTROS TÍTULOS DE EDUARDO RISSO

- YO, VAMPIRO
(guión de Carlos Trillo)

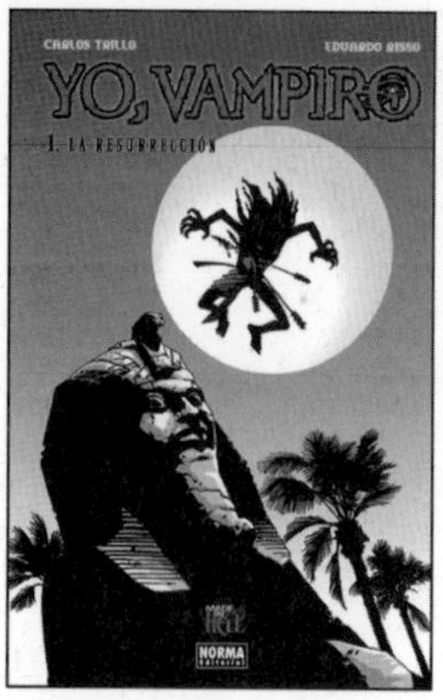
CARLOS TRILLO
EDUARDO RISSO
YO, VAMPIRO
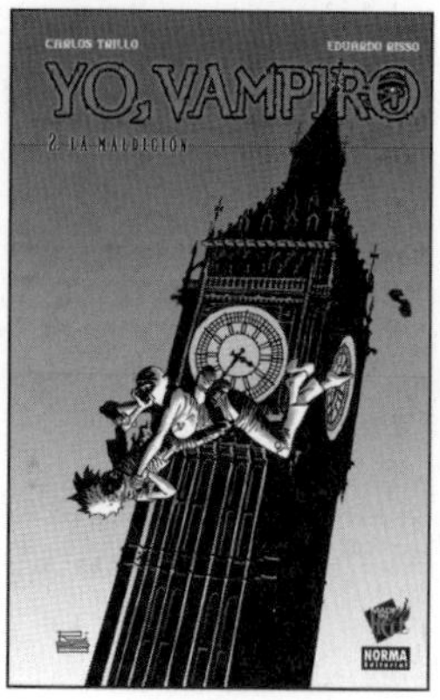
CARLOS TRILLO
EDUARDO RISSO
YO, VAMPIRO
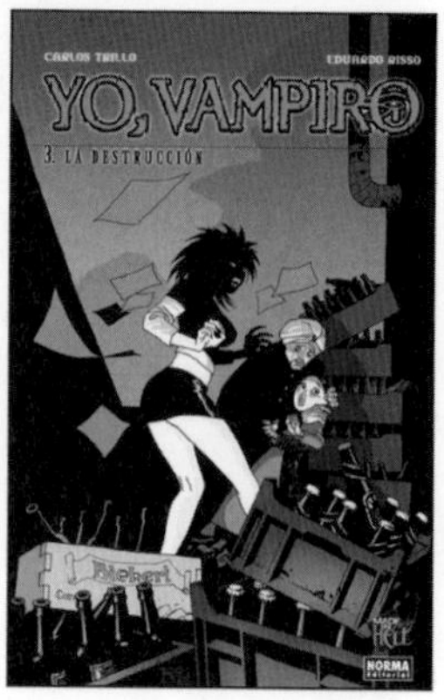
CARLOS TRILLO
EDUARDO RISSO
YO, VAMPIRO
3. LA DESTRUCCIÓN
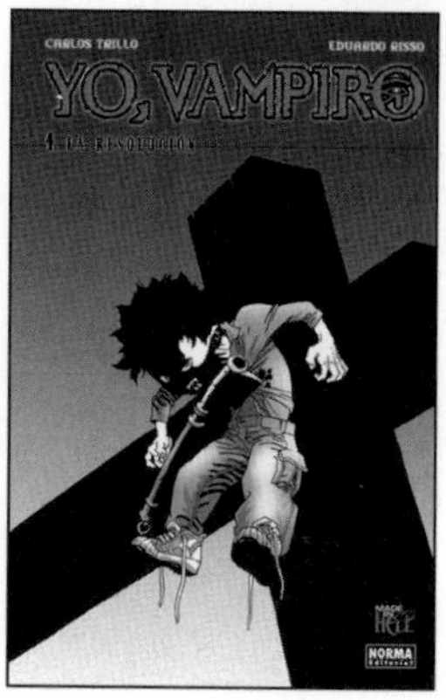
CARLOS TRILLO
EDUARDO RISSO
YO, VAMPIRO

Los misterios de la Luna Roja.
3. El reino de Nunca, de Carlos Trillo y Eduardo Risso.
Primera edición: Diciembre 2005.

Passeig de Sant Joan 7 - 08010 Barcelona.
Tel.: 93 303 68 20 - Fax: 93 303 68 31.
E-mail: norma@normaeditorial.com.
ISBN: 84-9814-404-3.
Depósito legal: Noviembre 2005.
Printed in the EU.

www.NormaEditorial.com

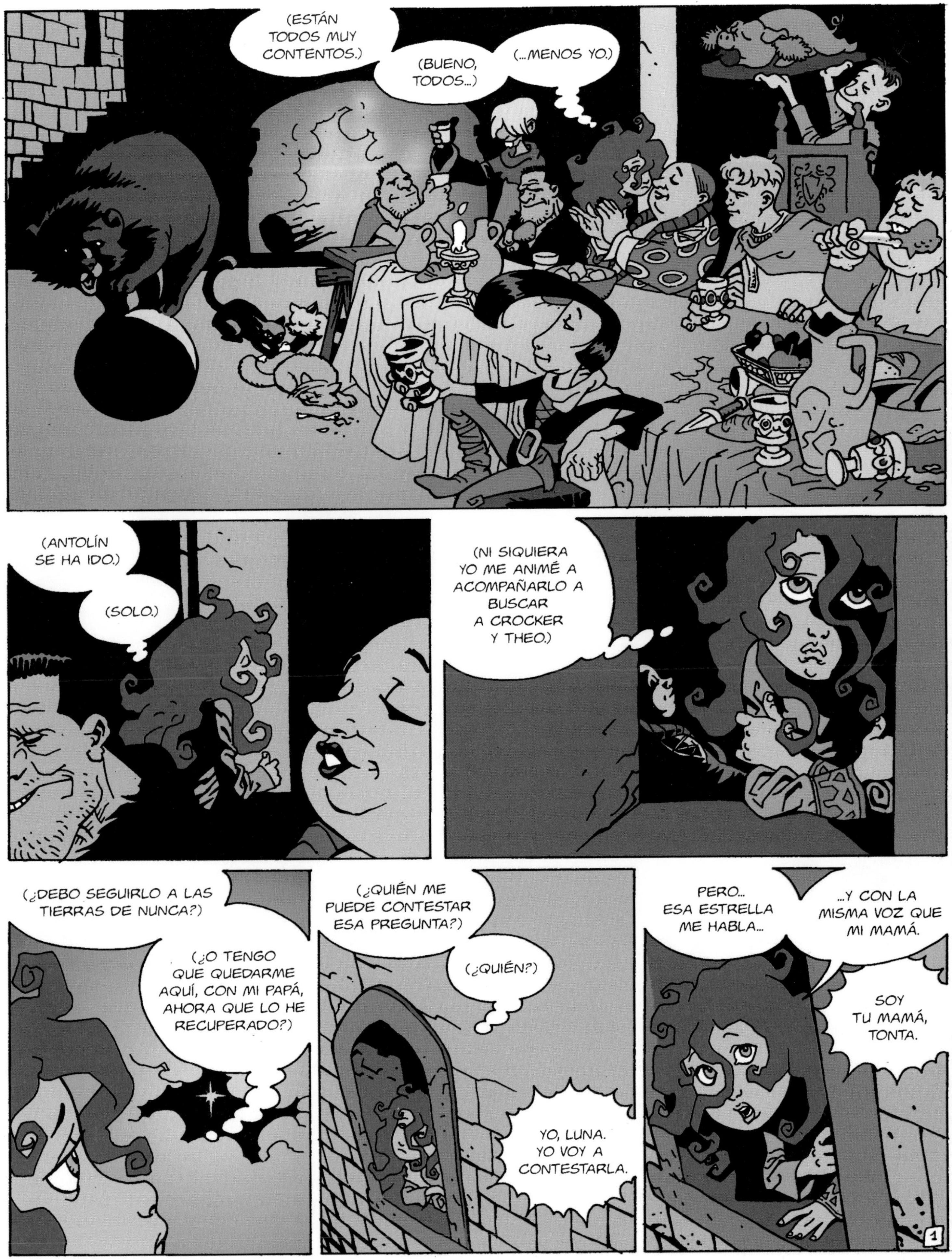
(ESTÁN TODOS MUY CONTENTOS.)
(BUENO, TODOS...)
(...MENOS YO.)
(ANTOLÍN SE HA IDO.)
(SOLO.)
(NI SIQUIERA YO ME ANIMÉ A ACOMPAÑARLO A BUSCAR A CROCKER Y THEO.)
(¿DEBO SEGUIRLO A LAS TIERRAS DE NUNCA?)
(¿O TENGO QUE QUEDARME AQUÍ, CON MI PAPÁ, AHORA QUE LO HE RECUPERADO?)
(¿QUIÉN ME PUEDE CONTESTAR ESA PREGUNTA?)
(¿QUIÉN?)
YO, LUNA. YO VOY A CONTESTARLA.
PERO... ESA ESTRELLA ME HABLA...
...Y CON LA MISMA VOZ QUE MI MAMÁ.
SOY TU MAMÁ, TONTA.
1

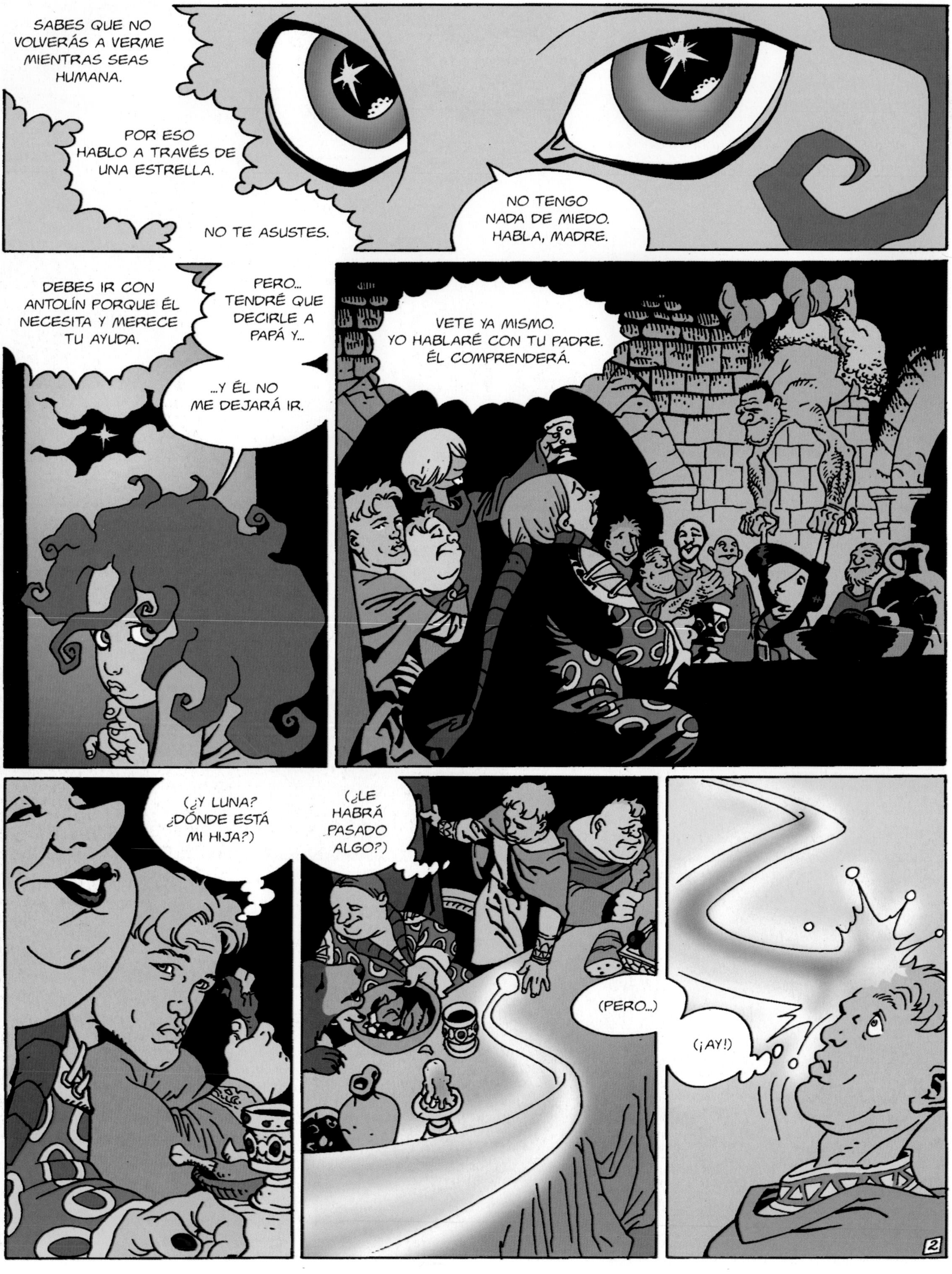
SABES QUE NO VOLVERÁS A VERME MIENTRAS SEAS HUMANA.
POR ESO HABLO A TRAVÉS DE UNA ESTRELLA.
NO TE ASUSTES.
NO TENGO NADA DE MIEDO. HABLA, MADRE.
DEBES IR CON ANTOLÍN PORQUE ÉL NECESITA Y MERECE TU AYUDA.
PERO... TENDRÉ QUE DECIRLE A PAPÁ Y...
...Y ÉL NO ME DEJARÁ IR.
VETE YA MISMO. YO HABLARÉ CON TU PADRE. ÉL COMPRENDERÁ.
(¿Y LUNA? ¿DÓNDE ESTÁ MI HIJA?)
(¿LE HABRÁ PASADO ALGO?)
(PERO...)
(¡AY!)
2

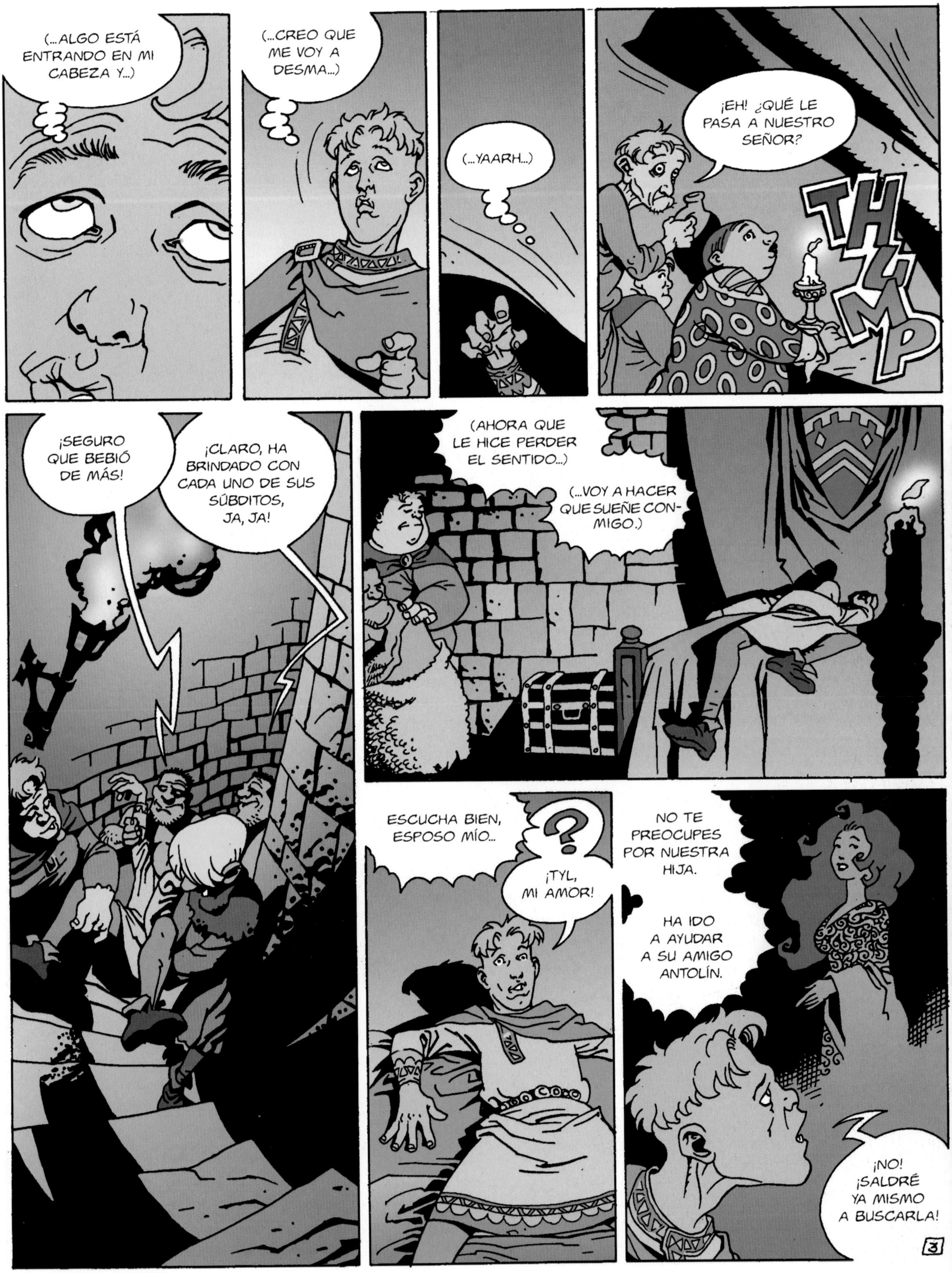
(...ALGO ESTÁ ENTRANDO EN MI CABEZA Y...)
(...CREO QUE ME VOY A DESMA...)
(...YAARH...)
¡EH! ¿QUÉ LE PASA A NUESTRO SEÑOR?
THUMP
¡SEGURO QUE BEBIÓ DE MÁS!
¡CLARO, HA BRINDADO CON CADA UNO DE SUS SÚBDITOS, JA, JA!
(AHORA QUE LE HICE PERDER EL SENTIDO...)
(...VOY A HACER QUE SUEÑE CONMIGO.)
ESCUCHA BIEN, ESPOSO MÍO...
?
¡TYL, MI AMOR!
NO TE PREOCUPES POR NUESTRA HIJA.
HA IDO A AYUDAR A SU AMIGO ANTOLÍN.
¡NO! ¡SALDRÉ YA MISMO A BUSCARLA!
3

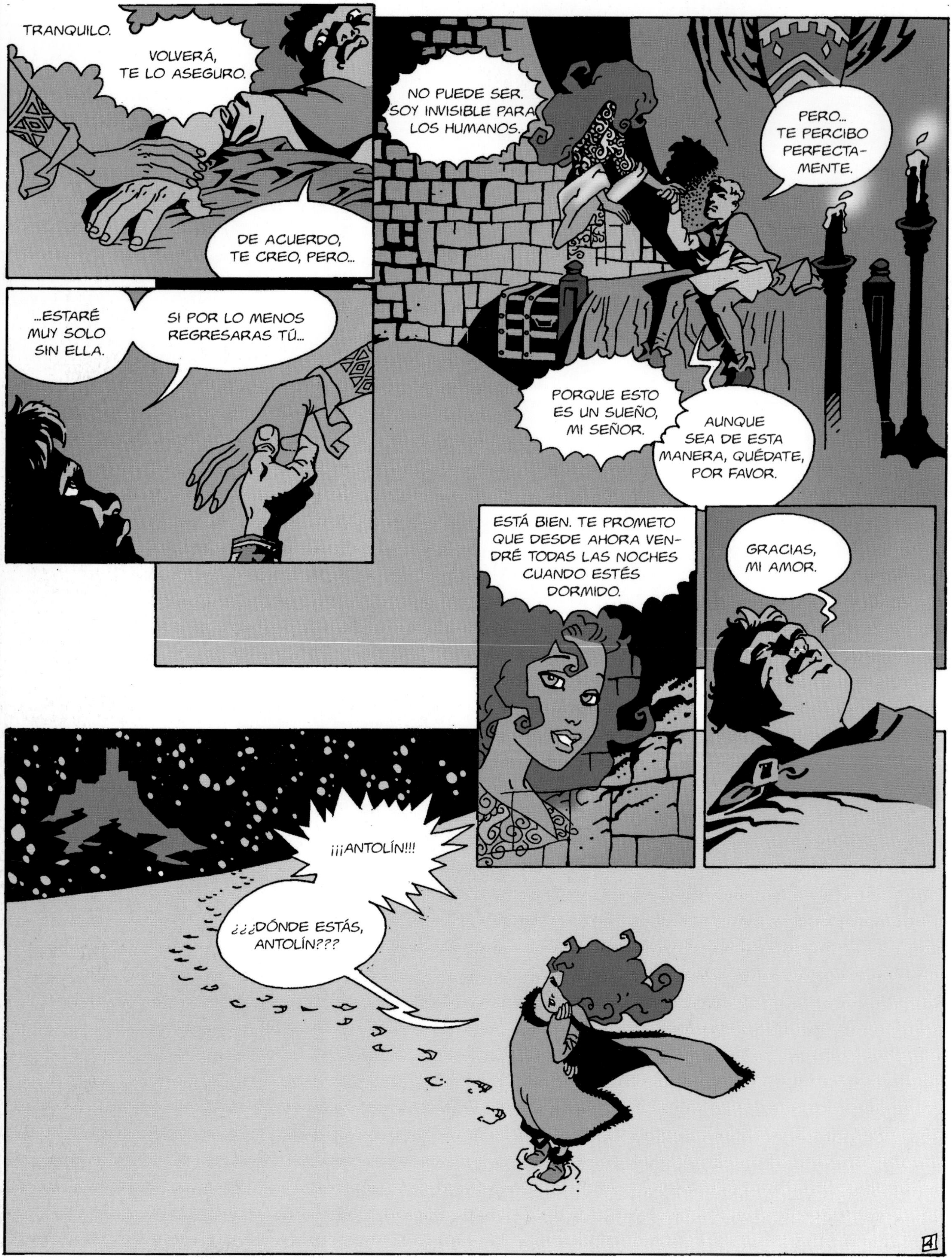
TRANQUILO.
VOLVERÁ, TE LO ASEGURO.
DE ACUERDO, TE CREO, PERO...
...ESTARÉ MUY SOLO SIN ELLA.
SI POR LO MENOS REGRESARAS TÚ...
NO PUEDE SER. SOY INVISIBLE PARA LOS HUMANOS.
PERO... TE PERCIBO PERFECTA-MENTE.
PORQUE ESTO ES UN SUEÑO, MI SEÑOR.
AUNQUE SEA DE ESTA MANERA, QUÉDATE, POR FAVOR.
ESTÁ BIEN. TE PROMETO QUE DESDE AHORA VEN-DRÉ TODAS LAS NOCHES CUANDO ESTÉS DORMIDO.
GRACIAS, MI AMOR.
¡¡¡ANTOLÍN!!!
¿¿¿DÓNDE ESTÁS, ANTOLÍN???
4

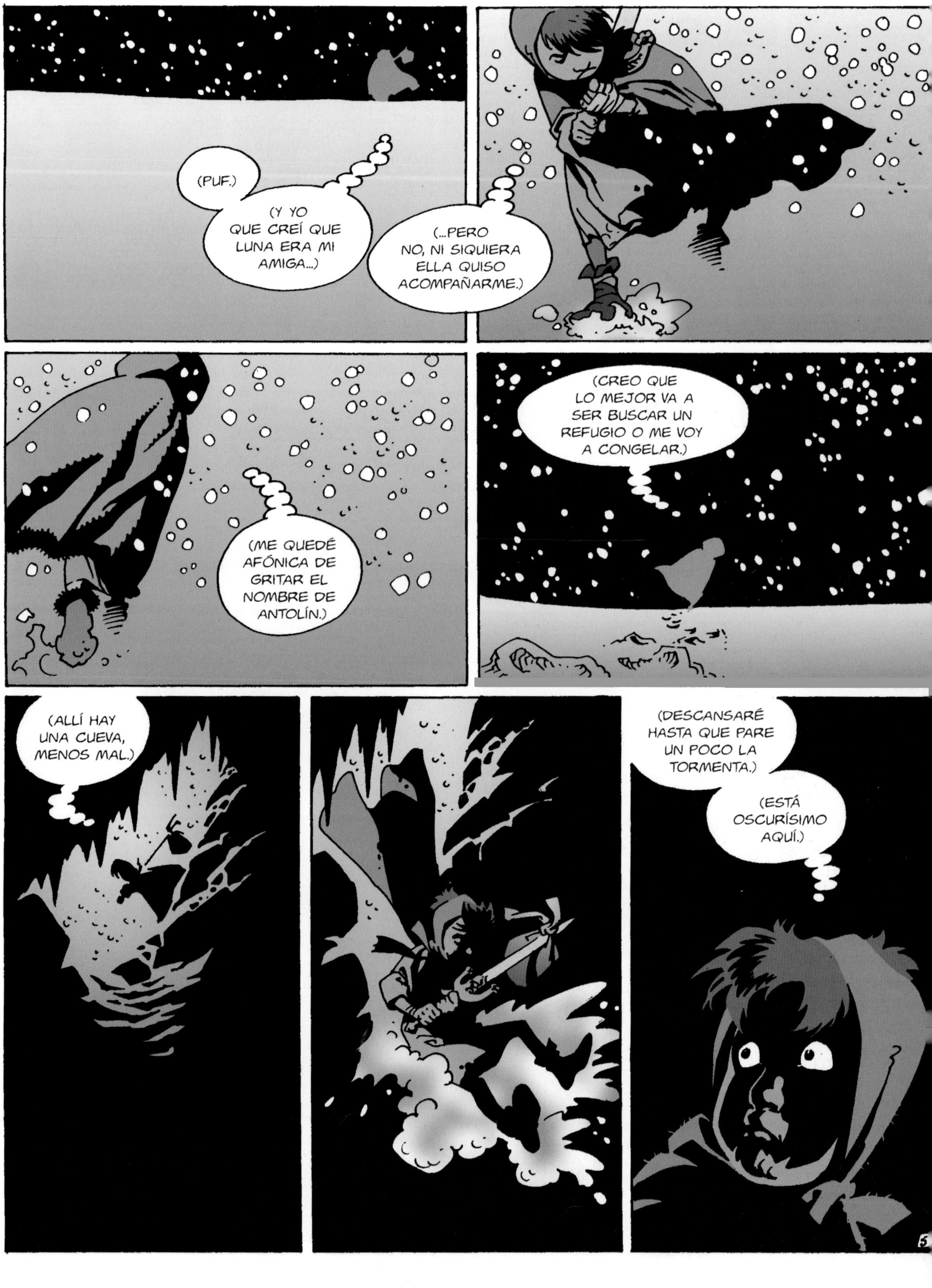
(PUF.)
(Y YO QUE CREÍ QUE LUNA ERA MI AMIGA...)
(...PERO NO, NI SIQUIERA ELLA QUISO ACOMPAÑARME.)
(ME QUEDÉ AFÓNICA DE GRITAR EL NOMBRE DE ANTOLÍN.)
(CREO QUE LO MEJOR VA A SER BUSCAR UN REFUGIO O ME VOY A CONGELAR.)
(ALLÍ HAY UNA CUEVA, MENOS MAL.)
(DESCANSARÉ HASTA QUE PARE UN POCO LA TORMENTA.)
(ESTÁ OSCURÍSIMO AQUÍ.)
5

(¿Y ESE RUIDO?)

(DICEN QUE EN LUGARES COMO ÉSTE VIVEN LOS DRAGONES.)

(CUANDO NO PUEDEN DORMIR, LOS DRAGONES SE PASEAN A GRANDES PASOS POR LAS CUEVAS.)

(LOS PASOS SUENAN MÁS CERCA, AY.)

Pic Pac Pic Pac Pic Pac Pic Pac Pic Pac TRAC

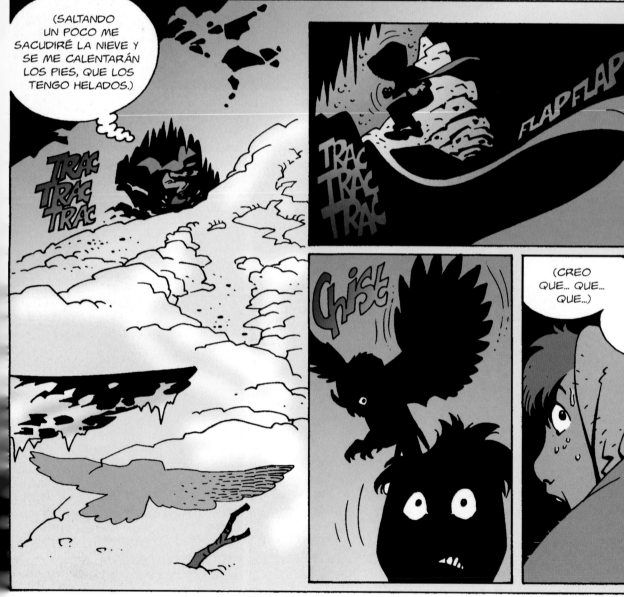

(SALTANDO UN POCO ME SACUDIRÉ LA NIEVE Y SE ME CALENTARÁN LOS PIES, QUE LOS TENGO HELADOS.)

TRAC TRAC TRAC

TRAC TRAC TRAC

FLAP FLAP FLAP

CHIST

(CREO QUE... QUE... QUE...)

(...QUE ESTÁ A MIS ESPALDAS.)

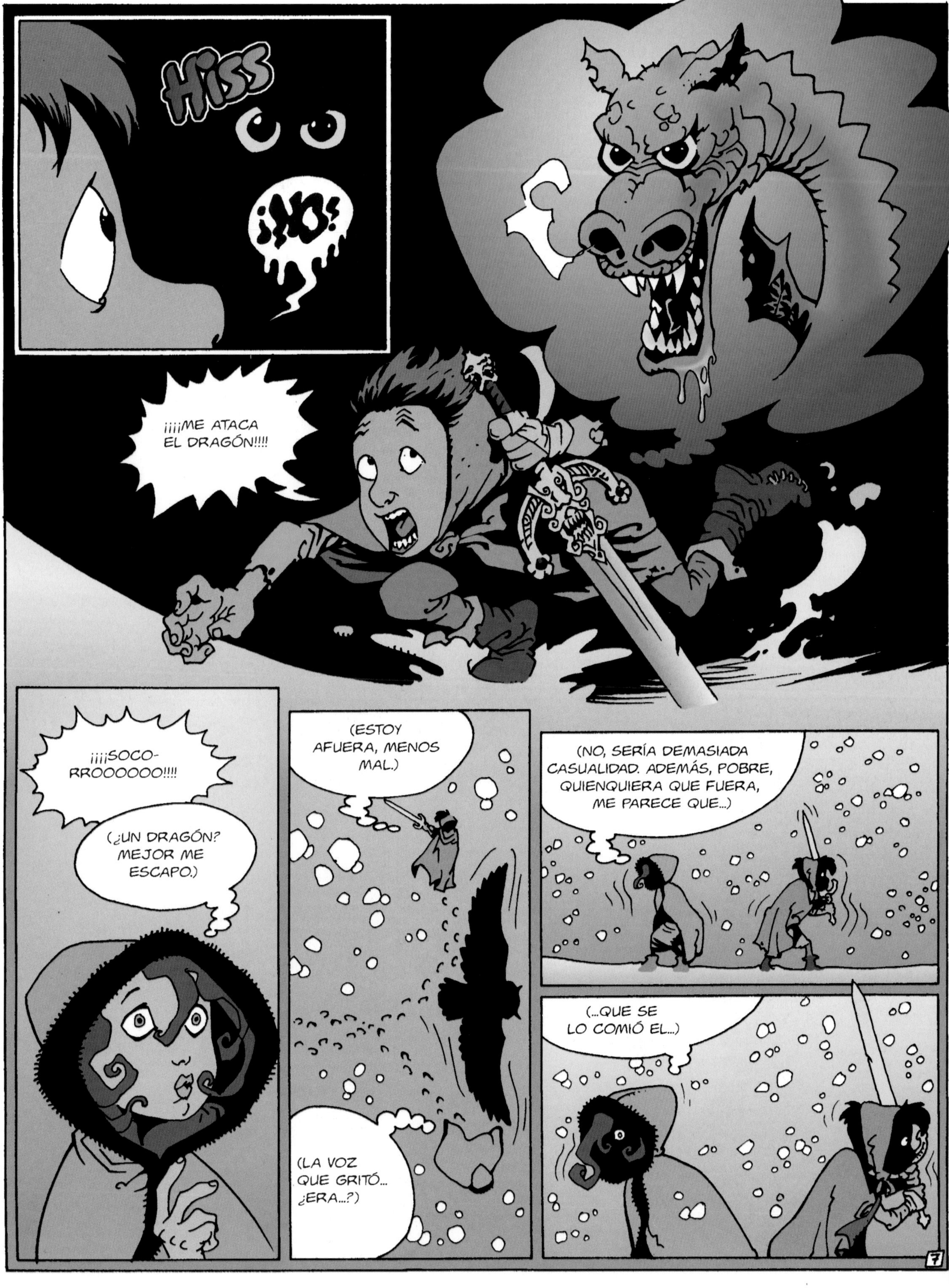
HISS
¡NO!
¡¡¡¡ME ATACA EL DRAGÓN!!!!
¡¡¡¡SOCO-RROOOOOO!!!!
(¿UN DRAGÓN? MEJOR ME ESCAPO.)
(ESTOY AFUERA, MENOS MAL.)
(LA VOZ QUE GRITÓ... ¿ERA...?)
(NO, SERÍA DEMASIADA CASUALIDAD. ADEMÁS, POBRE, QUIENQUIERA QUE FUERA, ME PARECE QUE...)
(...QUE SE LO COMIÓ EL...)
7

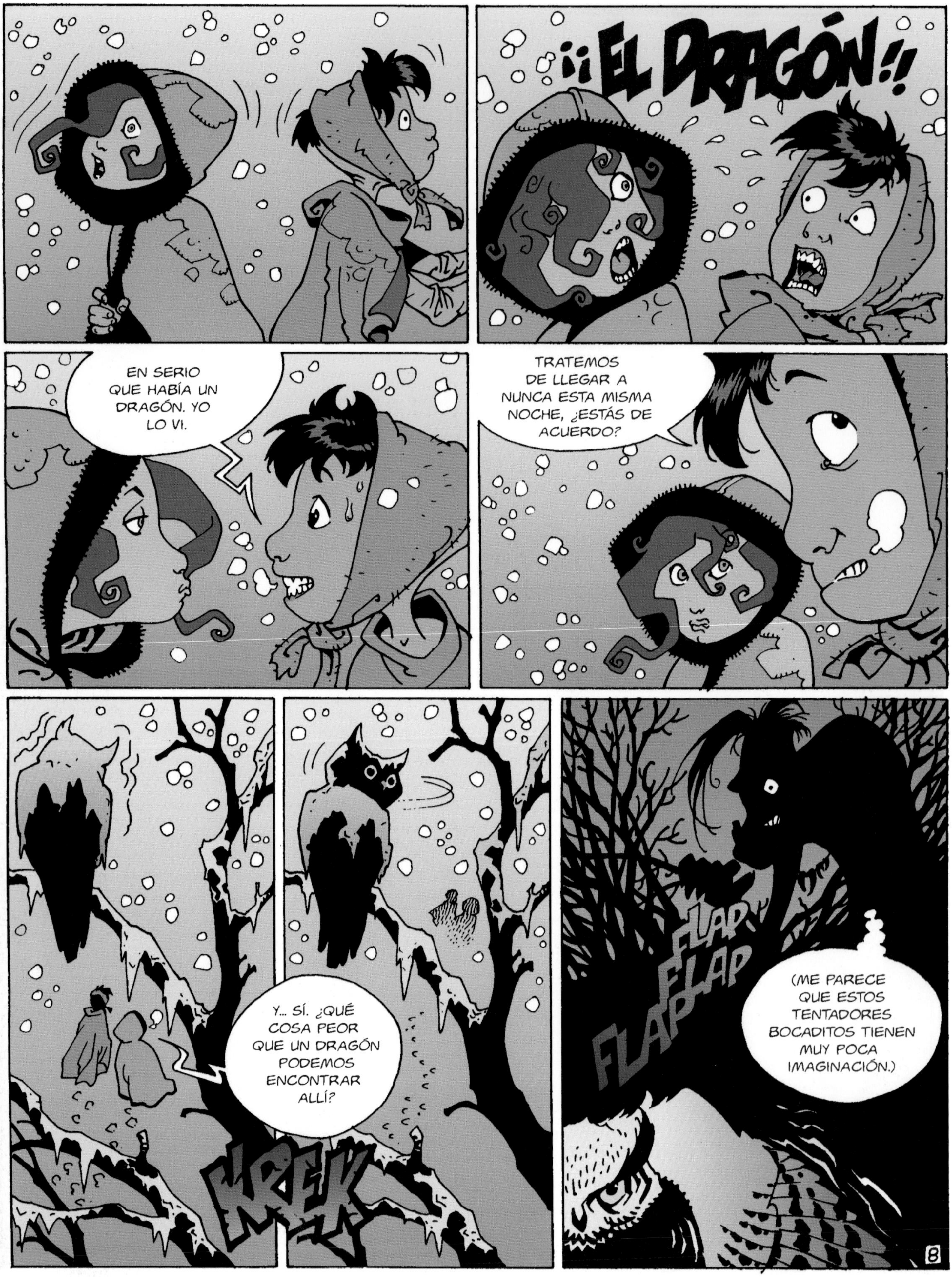
¡¡EL DRAGÓN!!
EN SERIO QUE HABÍA UN DRAGÓN. YO LO VI.
TRATEMOS DE LLEGAR A NUNCA ESTA MISMA NOCHE, ¿ESTÁS DE ACUERDO?
Y... SÍ. ¿QUÉ COSA PEOR QUE UN DRAGÓN PODEMOS ENCONTRAR ALLÍ?
KREK
FLAP FLAP FLAP
(ME PARECE QUE ESTOS TENTADORES BOCADITOS TIENEN MUY POCA IMAGINACIÓN.)

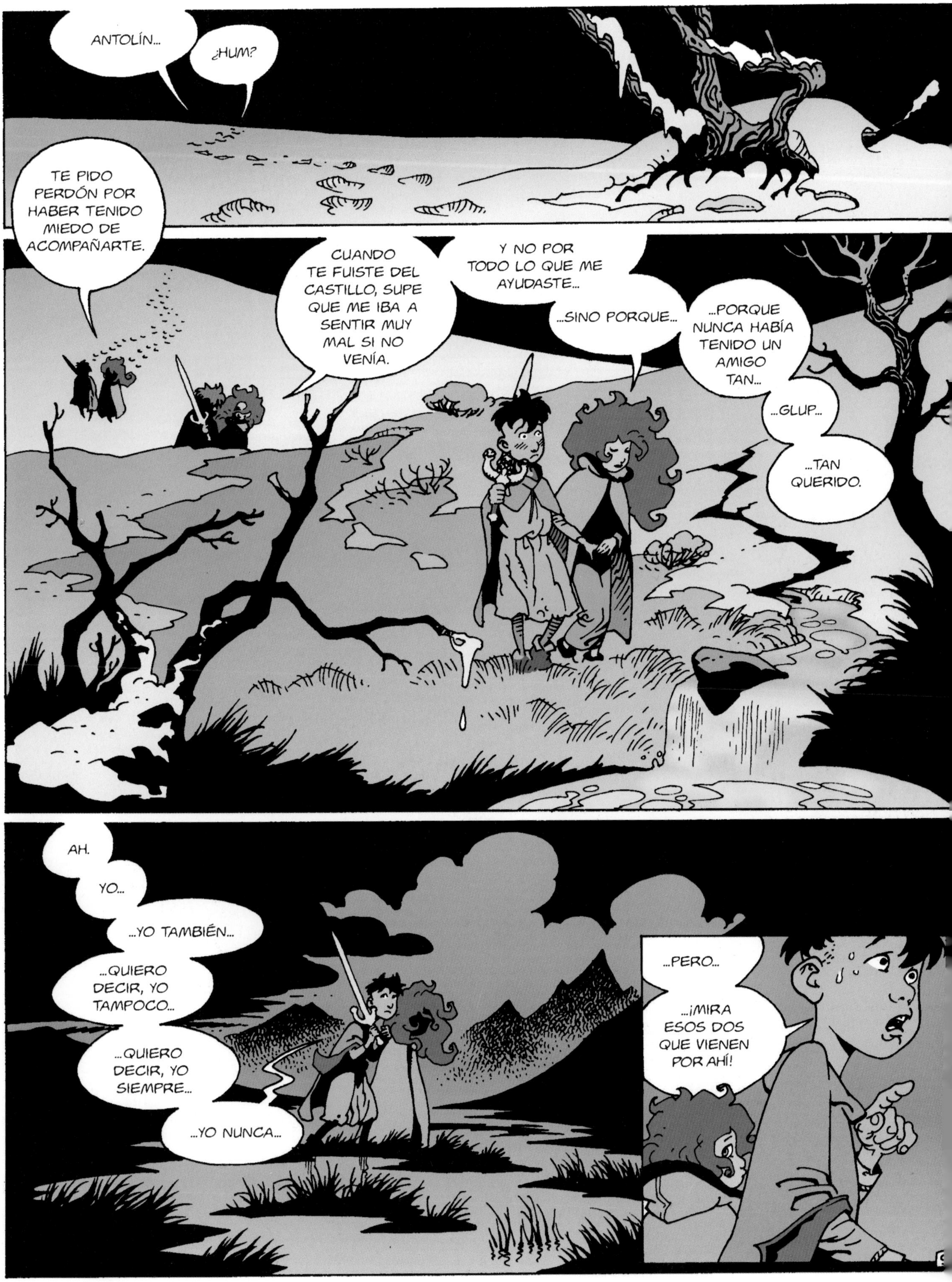
ANTOLÍN...
¿HUM?
TE PIDO PERDÓN POR HABER TENIDO MIEDO DE ACOMPAÑARTE.
CUANDO TE FUISTE DEL CASTILLO, SUPE QUE ME IBA A SENTIR MUY MAL SI NO VENÍA.
Y NO POR TODO LO QUE ME AYUDASTE...
...SINO PORQUE...
...PORQUE NUNCA HABÍA TENIDO UN AMIGO TAN...
...GLUP...
...TAN QUERIDO.
AH.
YO...
...YO TAMBIÉN...
...QUIERO DECIR, YO TAMPOCO...
...QUIERO DECIR, YO SIEMPRE...
...YO NUNCA...
...PERO...
...¡MIRA ESOS DOS QUE VIENEN POR AHÍ!

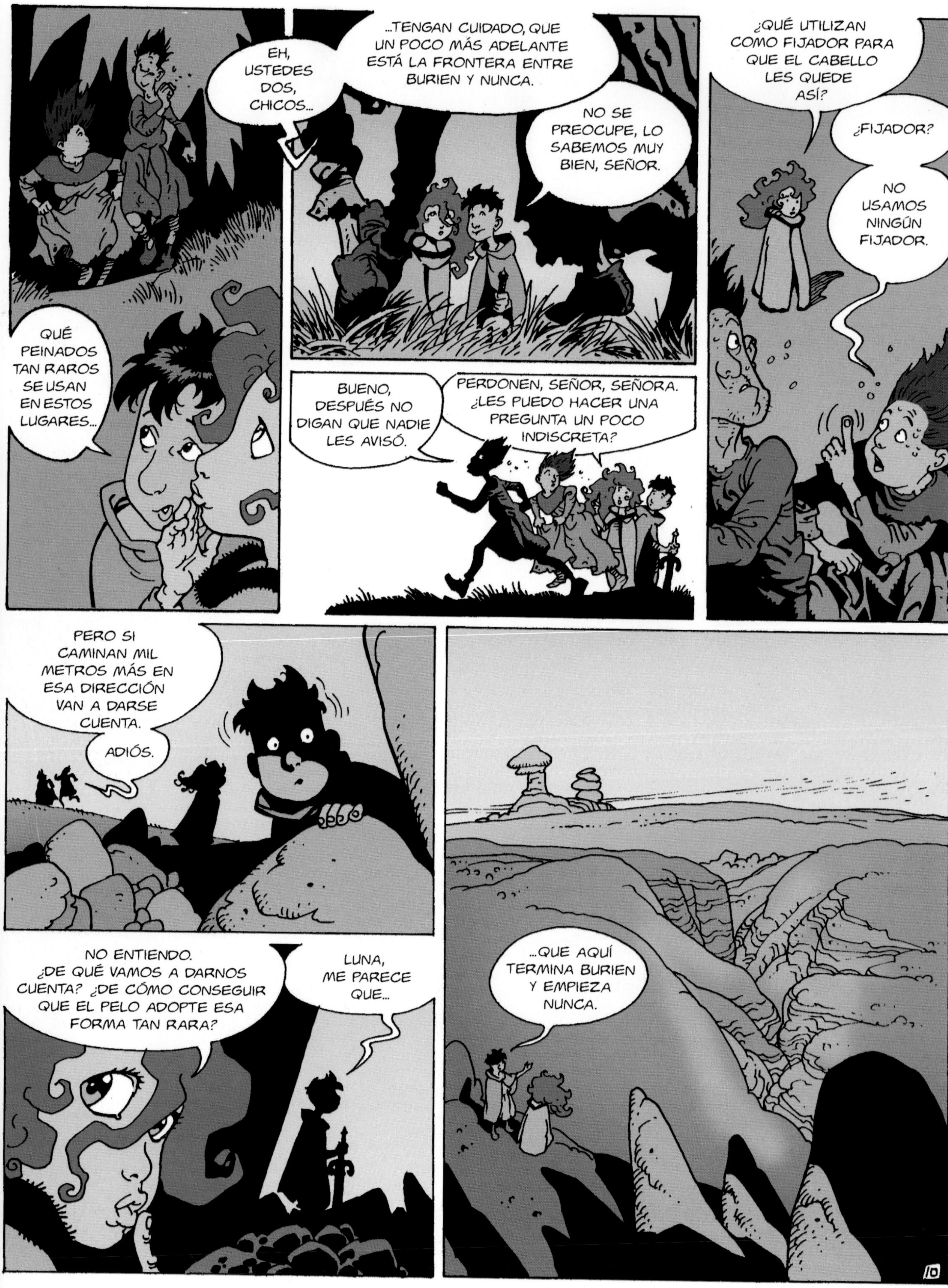
EH, USTEDES DOS, CHICOS...
...TENGAN CUIDADO, QUE UN POCO MÁS ADELANTE ESTÁ LA FRONTERA ENTRE BURIEN Y NUNCA.
NO SE PREOCUPE, LO SABEMOS MUY BIEN, SEÑOR.
¿QUÉ UTILIZAN COMO FIJADOR PARA QUE EL CABELLO LES QUEDE ASÍ?
¿FIJADOR?
NO USAMOS NINGÚN FIJADOR.
QUÉ PEINADOS TAN RAROS SE USAN EN ESTOS LUGARES...
BUENO, DESPUÉS NO DIGAN QUE NADIE LES AVISÓ.
PERDONEN, SEÑOR, SEÑORA. ¿LES PUEDO HACER UNA PREGUNTA UN POCO INDISCRETA?
PERO SI CAMINAN MIL METROS MÁS EN ESA DIRECCIÓN VAN A DARSE CUENTA.
ADIÓS.
NO ENTIENDO. ¿DE QUÉ VAMOS A DARNOS CUENTA? ¿DE CÓMO CONSEGUIR QUE EL PELO ADOPTE ESA FORMA TAN RARA?
LUNA, ME PARECE QUE...
...QUE AQUÍ TERMINA BURIEN Y EMPIEZA NUNCA.
10

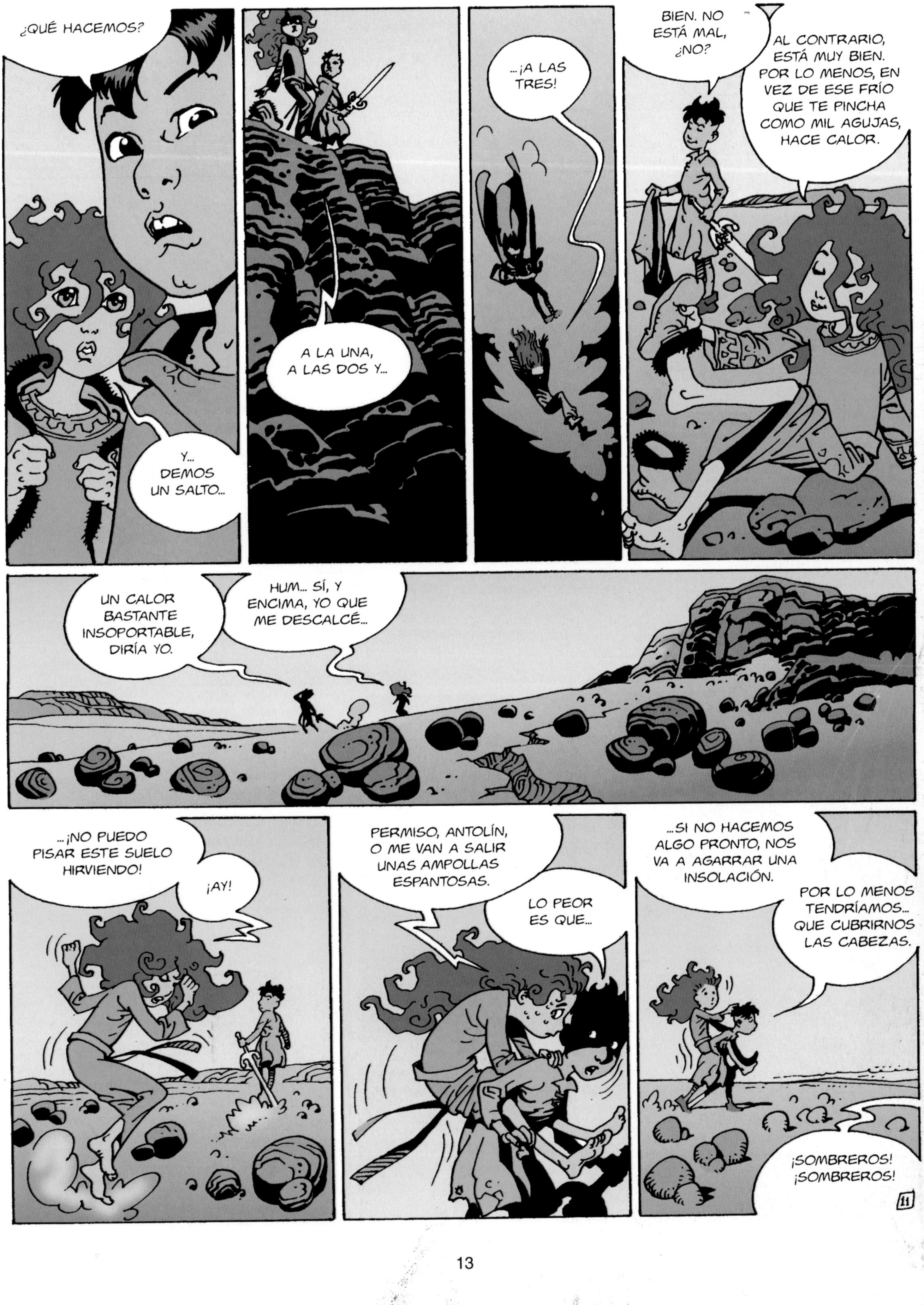
¿QUÉ HACEMOS?
Y... DEMOS UN SALTO...
A LA UNA, A LAS DOS Y...
...¡A LAS TRES!
BIEN. NO ESTÁ MAL, ¿NO?
AL CONTRARIO, ESTÁ MUY BIEN. POR LO MENOS, EN VEZ DE ESE FRÍO QUE TE PINCHA COMO MIL AGUJAS, HACE CALOR.
UN CALOR BASTANTE INSOPORTABLE, DIRÍA YO.
HUM... SÍ, Y ENCIMA, YO QUE ME DESCALCÉ...
...¡NO PUEDO PISAR ESTE SUELO HIRVIENDO!
¡AY!
PERMISO, ANTOLÍN, O ME VAN A SALIR UNAS AMPOLLAS ESPANTOSAS.
LO PEOR ES QUE...
...SI NO HACEMOS ALGO PRONTO, NOS VA A AGARRAR UNA INSOLACIÓN.
POR LO MENOS TENDRÍAMOS... QUE CUBRIRNOS LAS CABEZAS.
¡SOMBREROS! ¡SOMBREROS!
11

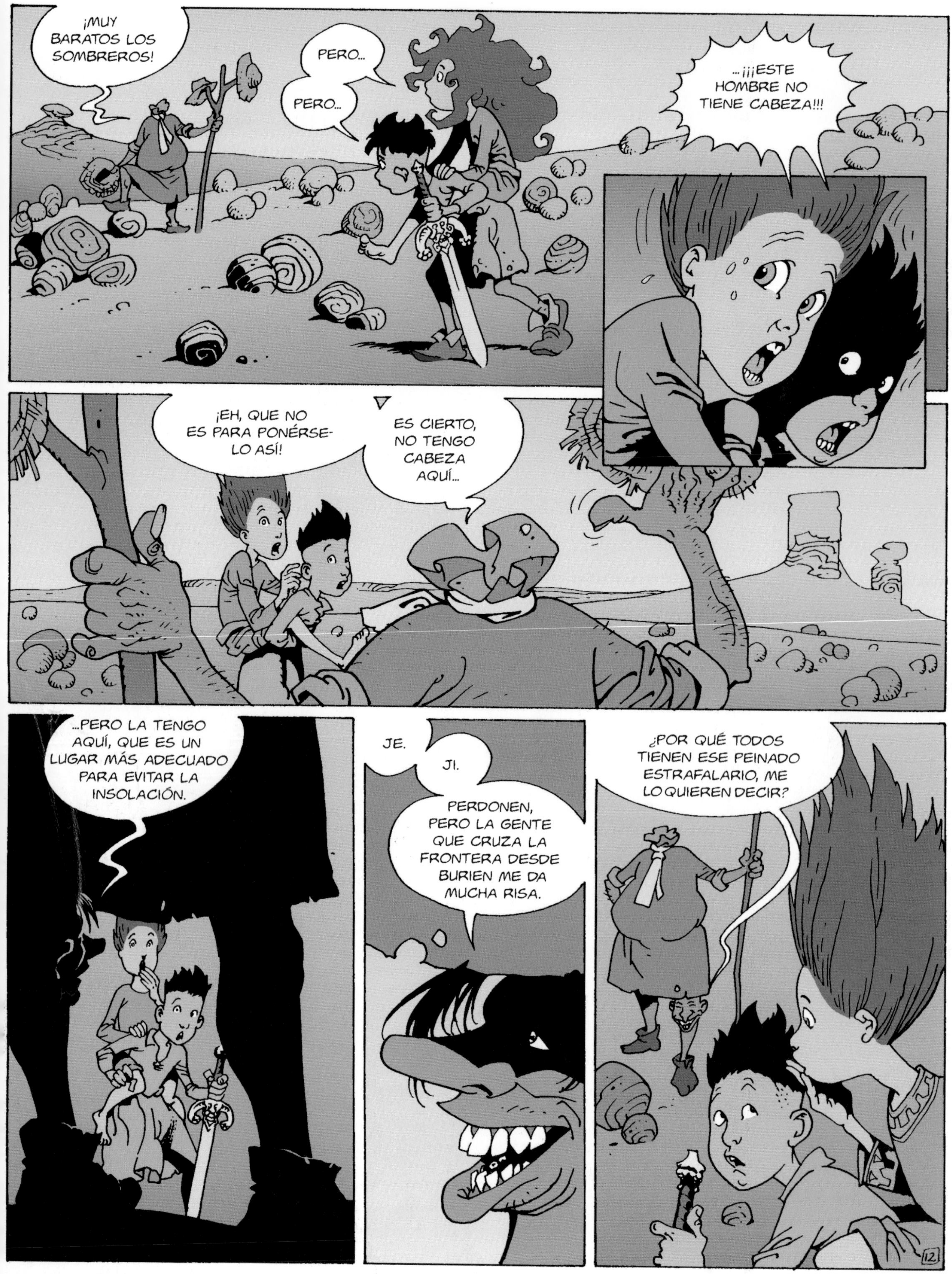

¡MUY BARATOS LOS SOMBREROS!
PERO...
PERO...
...¡¡¡ESTE HOMBRE NO TIENE CABEZA!!!
¡EH, QUE NO ES PARA PONÉRSELO ASÍ!
ES CIERTO, NO TENGO CABEZA AQUÍ...
...PERO LA TENGO AQUÍ, QUE ES UN LUGAR MÁS ADECUADO PARA EVITAR LA INSOLACIÓN.
JE.
JI.
PERDONEN, PERO LA GENTE QUE CRUZA LA FRONTERA DESDE BURIEN ME DA MUCHA RISA.
¿POR QUÉ TODOS TIENEN ESE PEINADO ESTRAFALARIO, ME LO QUIEREN DECIR?
12

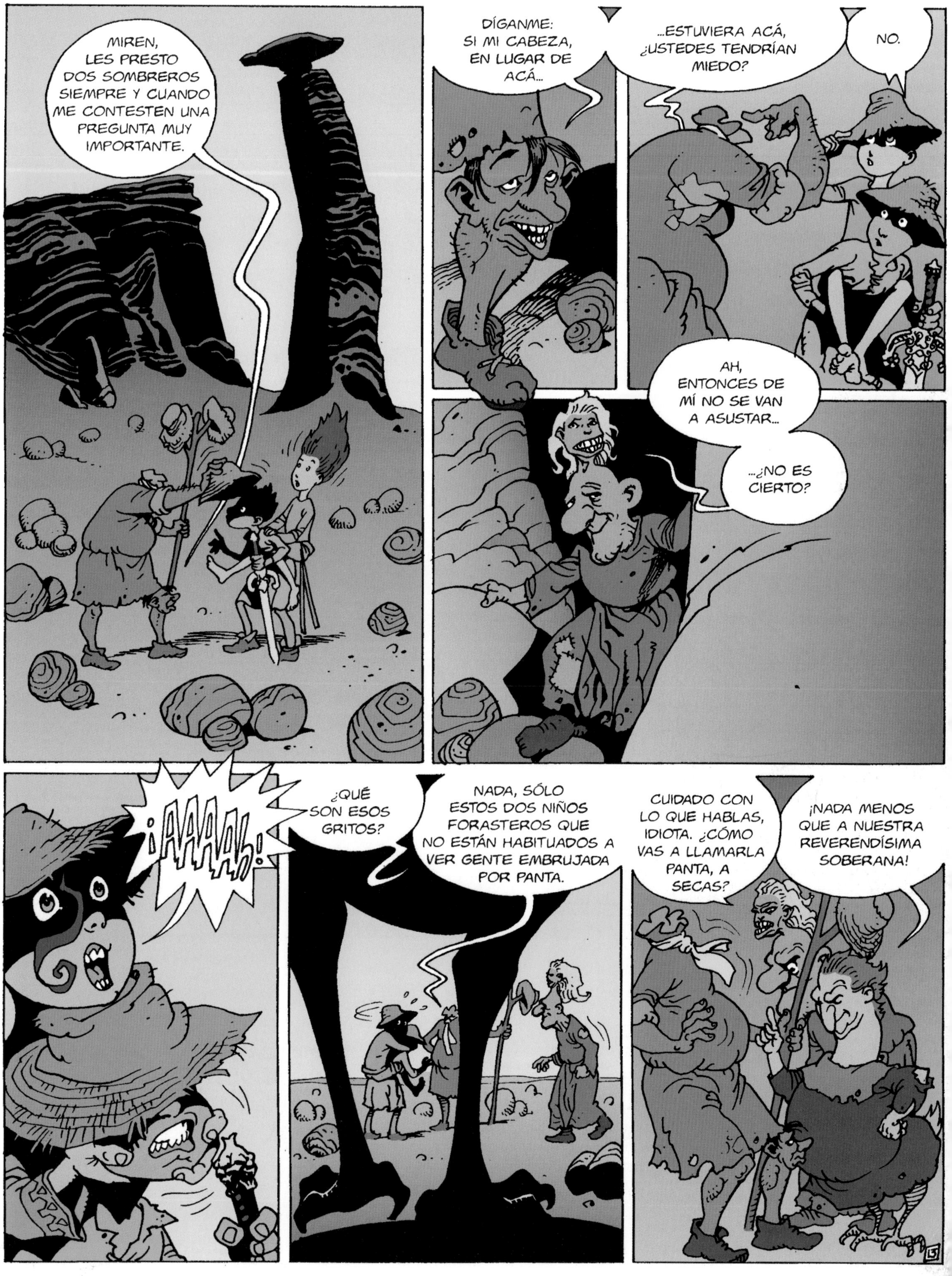
MIREN, LES PRESTO DOS SOMBREROS SIEMPRE Y CUANDO ME CONTESTEN UNA PREGUNTA MUY IMPORTANTE.
DÍGANME: SI MI CABEZA, EN LUGAR DE ACÁ...
...ESTUVIERA ACÁ, ¿USTEDES TENDRÍAN MIEDO?
NO.
AH, ENTONCES DE MÍ NO SE VAN A ASUSTAR...
...¿NO ES CIERTO?
¡AAAAH!
¿QUÉ SON ESOS GRITOS?
NADA, SÓLO ESTOS DOS NIÑOS FORASTEROS QUE NO ESTÁN HABITUADOS A VER GENTE EMBRUJADA POR PANTA.
CUIDADO CON LO QUE HABLAS, IDIOTA. ¿CÓMO VAS A LLAMARLA PANTA, A SECAS?
¡NADA MENOS QUE A NUESTRA REVERENDÍSIMA SOBERANA!

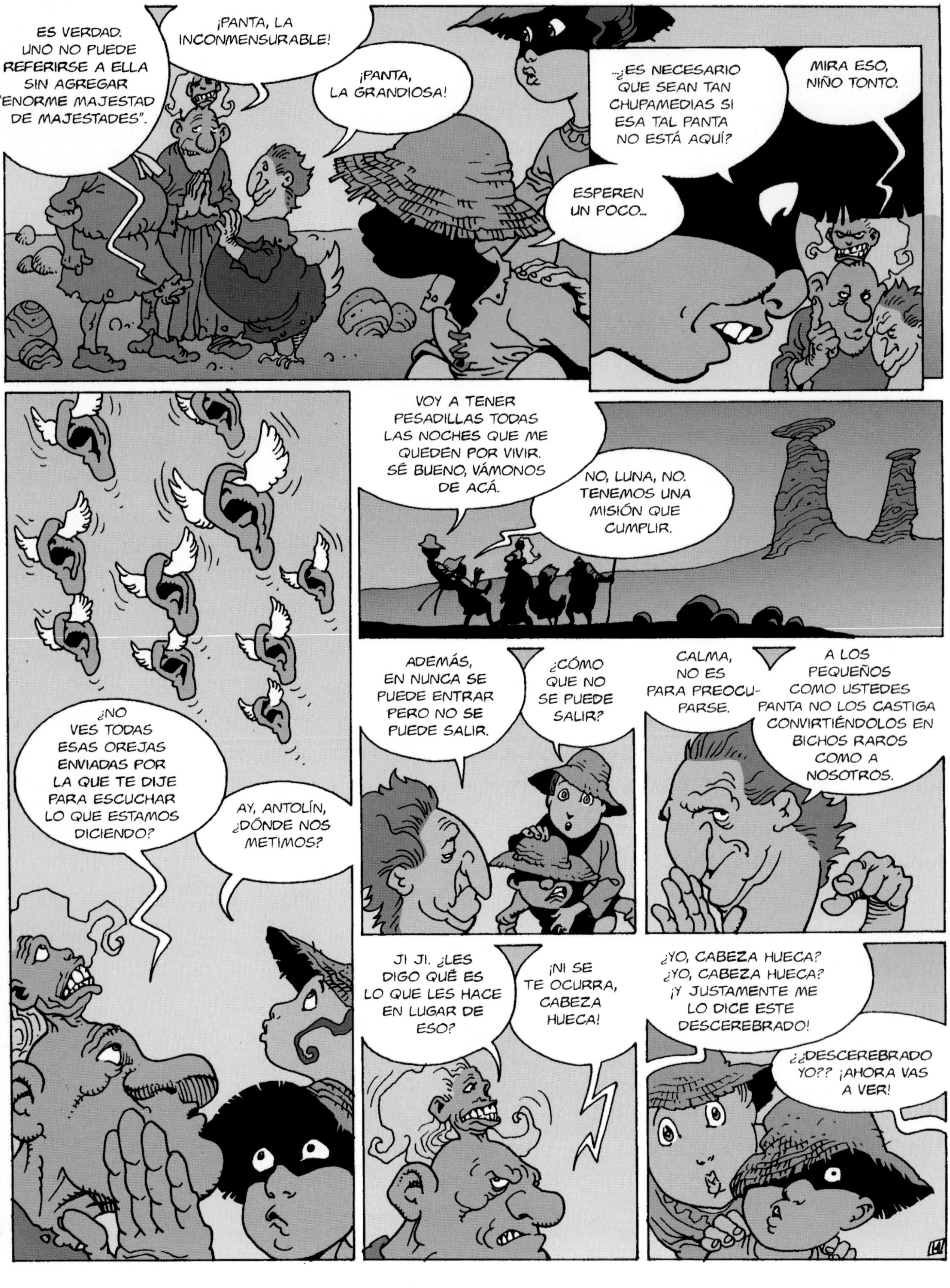
ES VERDAD. UNO NO PUEDE REFERIRSE A ELLA SIN AGREGAR "ENORME MAJESTAD DE MAJESTADES".
¡PANTA, LA INCONMENSURABLE!
¡PANTA, LA GRANDIOSA!
...¿ES NECESARIO QUE SEAN TAN CHUPAMEDIAS SI ESA TAL PANTA NO ESTÁ AQUÍ?
MIRA ESO, NIÑO TONTO.
ESPEREN UN POCO...
¿NO VES TODAS ESAS OREJAS ENVIADAS POR LA QUE TE DIJE PARA ESCUCHAR LO QUE ESTAMOS DICIENDO?
AY, ANTOLÍN, ¿DÓNDE NOS METIMOS?
VOY A TENER PESADILLAS TODAS LAS NOCHES QUE ME QUEDEN POR VIVIR. SÉ BUENO, VÁMONOS DE ACÁ.
NO, LUNA, NO. TENEMOS UNA MISIÓN QUE CUMPLIR.
ADEMÁS, EN NUNCA SE PUEDE ENTRAR PERO NO SE PUEDE SALIR.
¿CÓMO QUE NO SE PUEDE SALIR?
CALMA, NO ES PARA PREOCUPARSE.
A LOS PEQUEÑOS COMO USTEDES PANTA NO LOS CASTIGA CONVIRTIÉNDOLOS EN BICHOS RAROS COMO A NOSOTROS.
JI JI. ¿LES DIGO QUÉ ES LO QUE LES HACE EN LUGAR DE ESO?
¡NI SE TE OCURRA, CABEZA HUECA!
¿YO, CABEZA HUECA? ¿YO, CABEZA HUECA? ¡Y JUSTAMENTE ME LO DICE ESTE DESCEREBRADO!
¿¿DESCEREBRADO YO?? ¡AHORA VAS A VER!

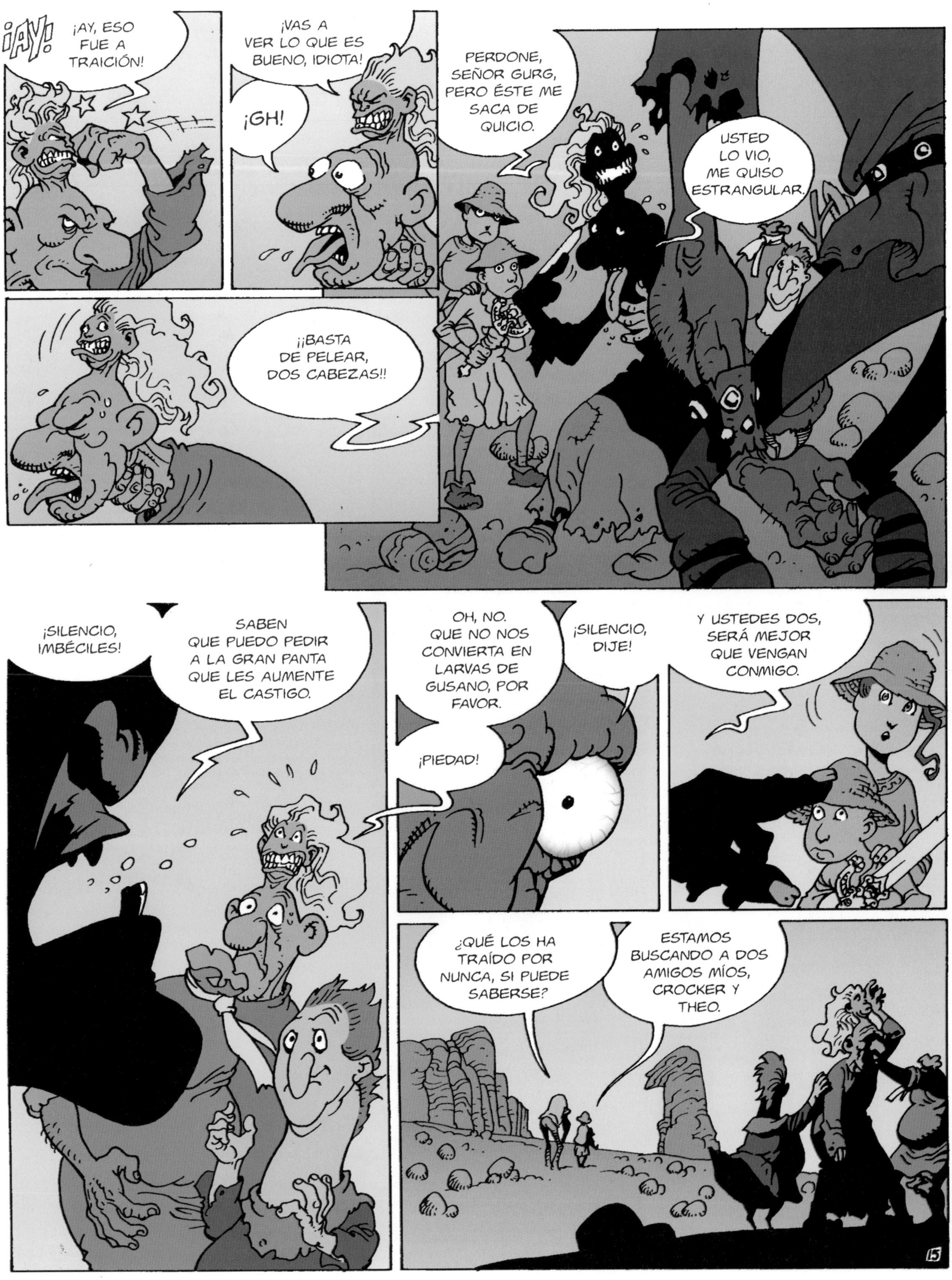
¡AY!
¡AY, ESO FUE A TRAICIÓN!
¡VAS A VER LO QUE ES BUENO, IDIOTA!
¡GH!
PERDONE, SEÑOR GURG, PERO ÉSTE ME SACA DE QUICIO.
USTED LO VIO, ME QUISO ESTRANGULAR.
¡¡BASTA DE PELEAR, DOS CABEZAS!!
¡SILENCIO, IMBÉCILES!
SABEN QUE PUEDO PEDIR A LA GRAN PANTA QUE LES AUMENTE EL CASTIGO.
OH, NO. QUE NO NOS CONVIERTA EN LARVAS DE GUSANO, POR FAVOR.
¡PIEDAD!
¡SILENCIO, DIJE!
Y USTEDES DOS, SERÁ MEJOR QUE VENGAN CONMIGO.
¿QUÉ LOS HA TRAÍDO POR NUNCA, SI PUEDE SABERSE?
ESTAMOS BUSCANDO A DOS AMIGOS MÍOS, CROCKER Y THEO.
15

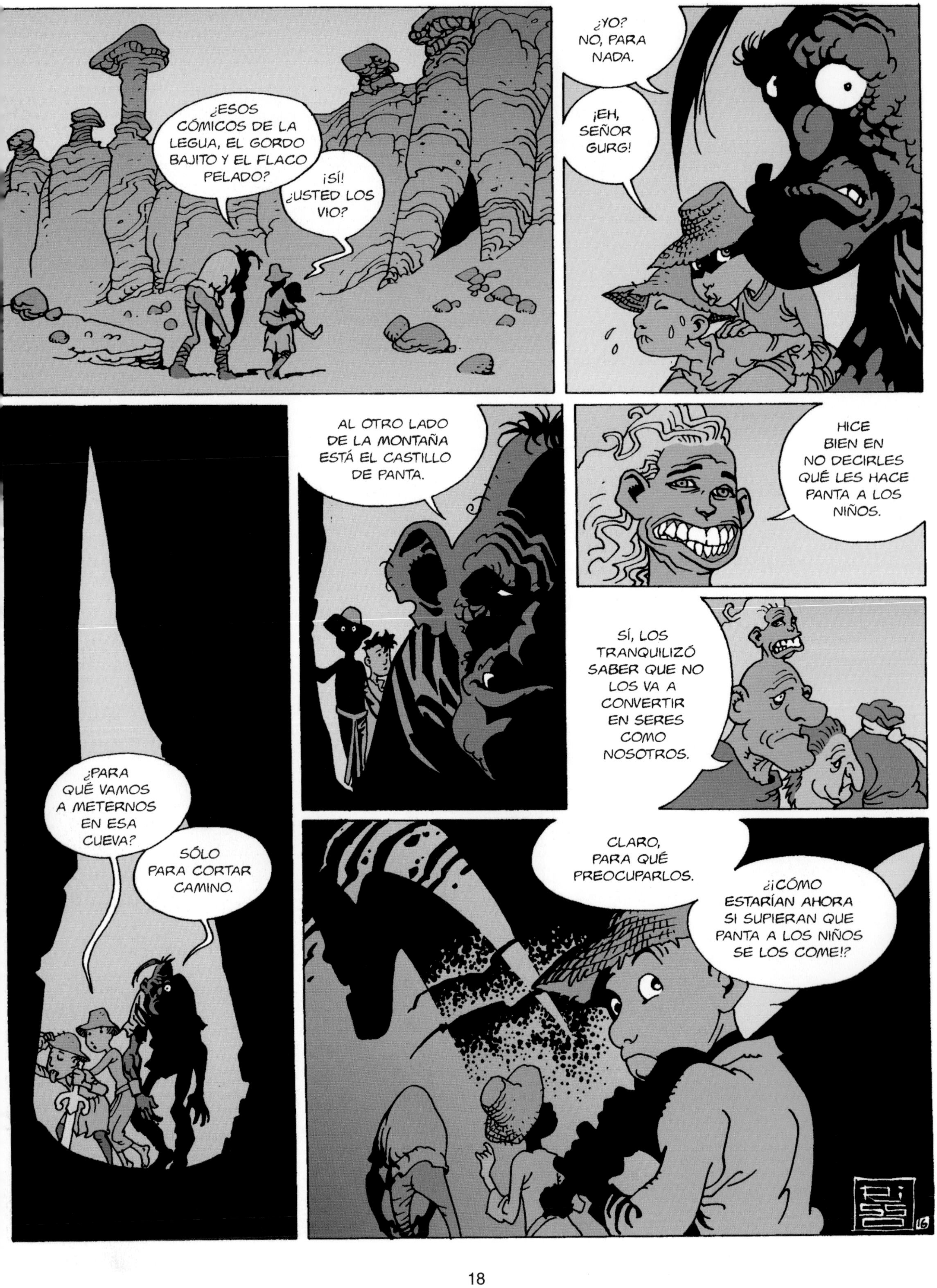
¿ESOS CÓMICOS DE LA LEGUA, EL GORDO BAJITO Y EL FLACO PELADO?
¡SÍ! ¿USTED LOS VIO?
¡EH, SEÑOR GURG!
¿YO? NO, PARA NADA.
¿PARA QUÉ VAMOS A METERNOS EN ESA CUEVA?
SÓLO PARA CORTAR CAMINO.
AL OTRO LADO DE LA MONTAÑA ESTÁ EL CASTILLO DE PANTA.
HICE BIEN EN NO DECIRLES QUÉ LES HACE PANTA A LOS NIÑOS.
SÍ, LOS TRANQUILIZÓ SABER QUE NO LOS VA A CONVERTIR EN SERES COMO NOSOTROS.
CLARO, PARA QUÉ PREOCUPARLOS.
¿¡CÓMO ESTARÍAN AHORA SI SUPIERAN QUE PANTA A LOS NIÑOS SE LOS COME!?
16

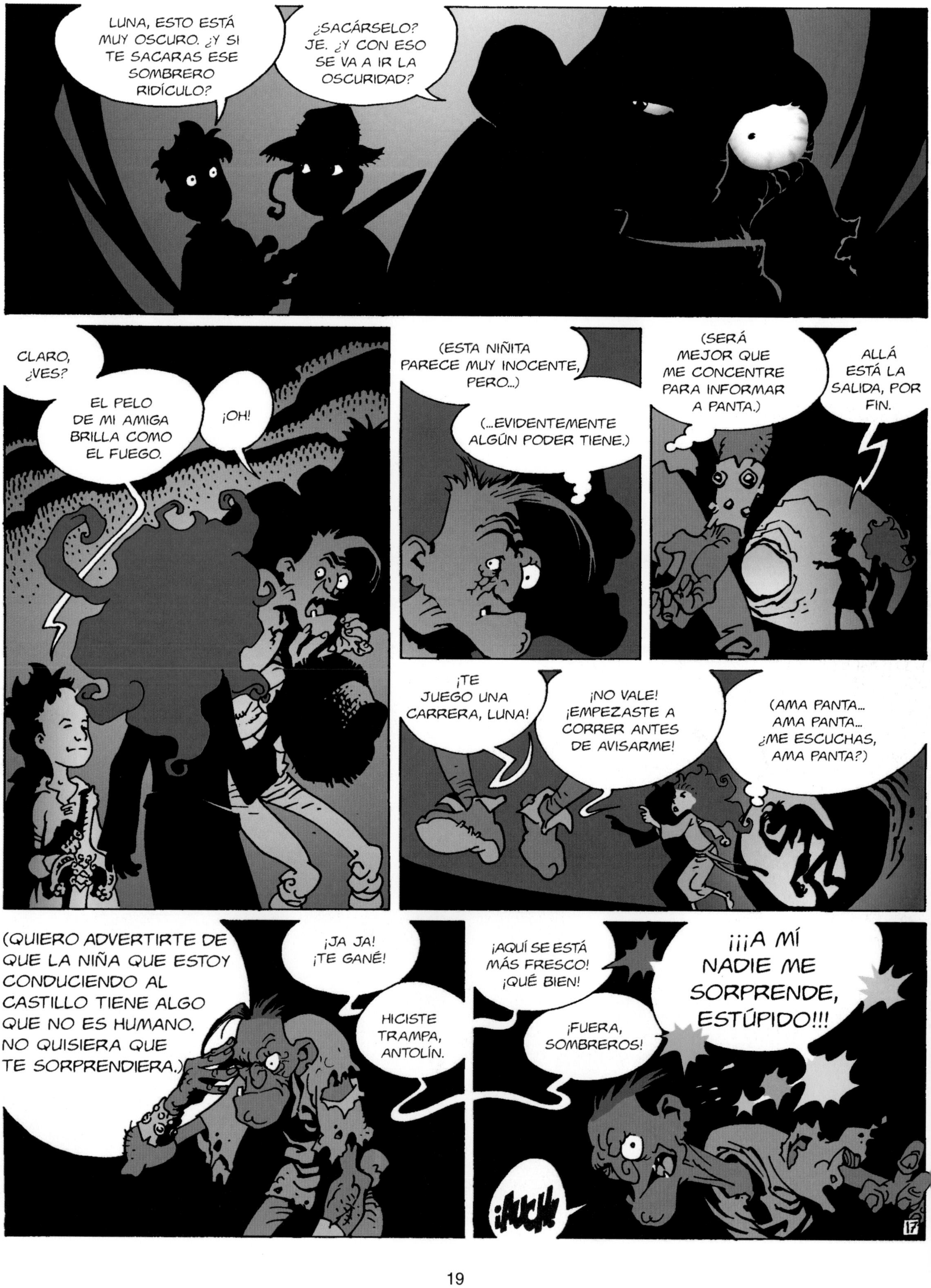
LUNA, ESTO ESTÁ MUY OSCURO. ¿Y SI TE SACARAS ESE SOMBRERO RIDÍCULO?
¿SACÁRSELO? JE. ¿Y CON ESO SE VA A IR LA OSCURIDAD?
CLARO, ¿VES?
EL PELO DE MI AMIGA BRILLA COMO EL FUEGO.
¡OH!
(ESTA NIÑITA PARECE MUY INOCENTE, PERO...)
(...EVIDENTEMENTE ALGÚN PODER TIENE.)
(SERÁ MEJOR QUE ME CONCENTRE PARA INFORMAR A PANTA.)
ALLÁ ESTÁ LA SALIDA, POR FIN.
¡TE JUEGO UNA CARRERA, LUNA!
¡NO VALE! ¡EMPEZASTE A CORRER ANTES DE AVISARME!
(AMA PANTA... AMA PANTA... ¿ME ESCUCHAS, AMA PANTA?)
(QUIERO ADVERTIRTE DE QUE LA NIÑA QUE ESTOY CONDUCIENDO AL CASTILLO TIENE ALGO QUE NO ES HUMANO. NO QUISIERA QUE TE SORPRENDIERA.)
¡JA JA! ¡TE GANÉ!
HICISTE TRAMPA, ANTOLÍN.
¡AQUÍ SE ESTÁ MÁS FRESCO! ¡QUÉ BIEN!
¡FUERA, SOMBREROS!
¡¡¡A MÍ NADIE ME SORPRENDE, ESTÚPIDO!!!
¡AUCH!
17

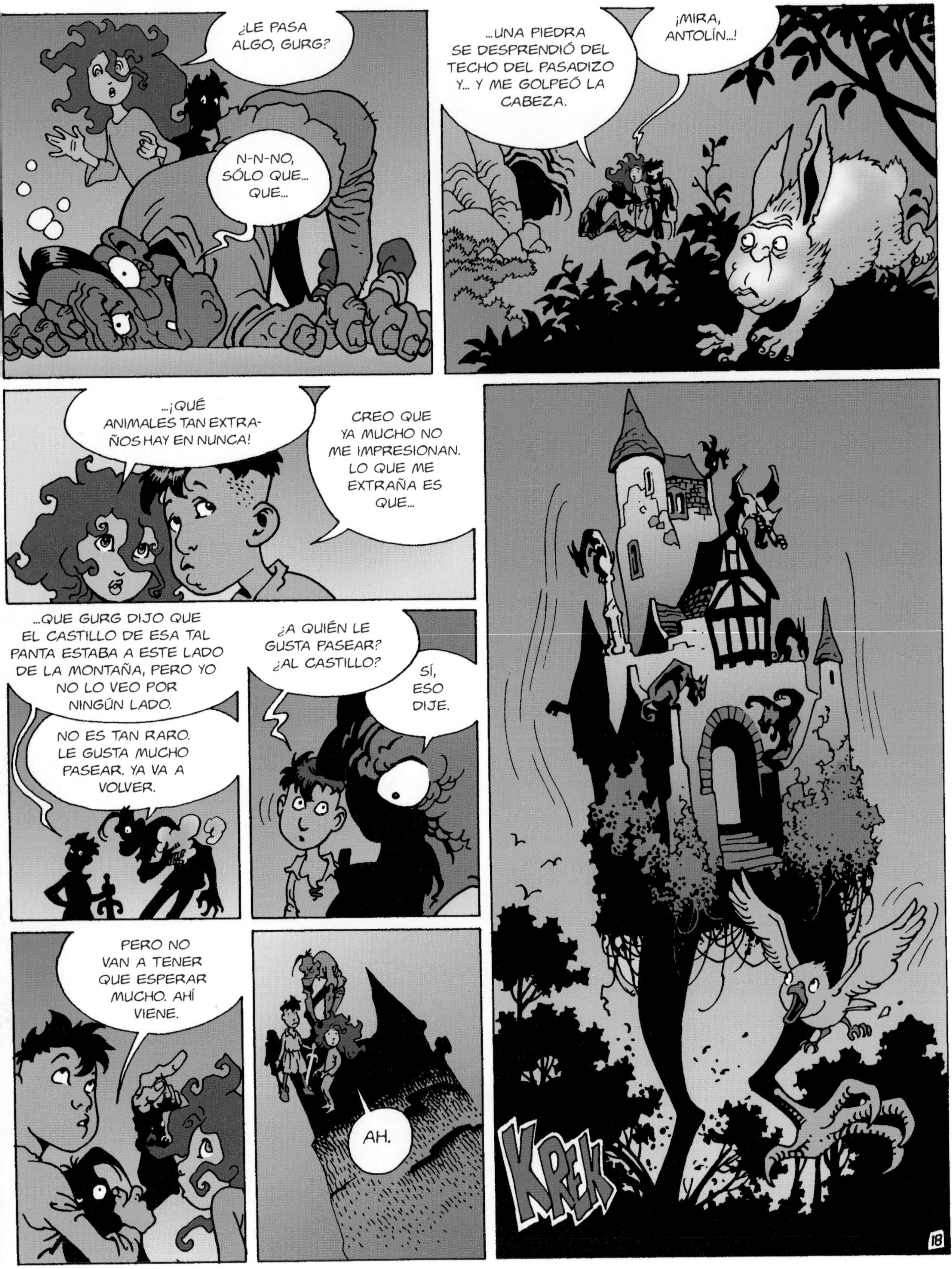
¿LE PASA ALGO, GURG?
N-N-NO, SÓLO QUE... QUE...
...UNA PIEDRA SE DESPRENDIÓ DEL TECHO DEL PASADIZO Y... Y ME GOLPEÓ LA CABEZA.
¡MIRA, ANTOLÍN...!
...¡QUÉ ANIMALES TAN EXTRAÑOS HAY EN NUNCA!
CREO QUE YA MUCHO NO ME IMPRESIONAN. LO QUE ME EXTRAÑA ES QUE...
...QUE GURG DIJO QUE EL CASTILLO DE ESA TAL PANTA ESTABA A ESTE LADO DE LA MONTAÑA, PERO YO NO LO VEO POR NINGÚN LADO.
NO ES TAN RARO. LE GUSTA MUCHO PASEAR. YA VA A VOLVER.
¿A QUIÉN LE GUSTA PASEAR? ¿AL CASTILLO?
SÍ, ESO DIJE.
PERO NO VAN A TENER QUE ESPERAR MUCHO. AHÍ VIENE.
AH.
KREK
18

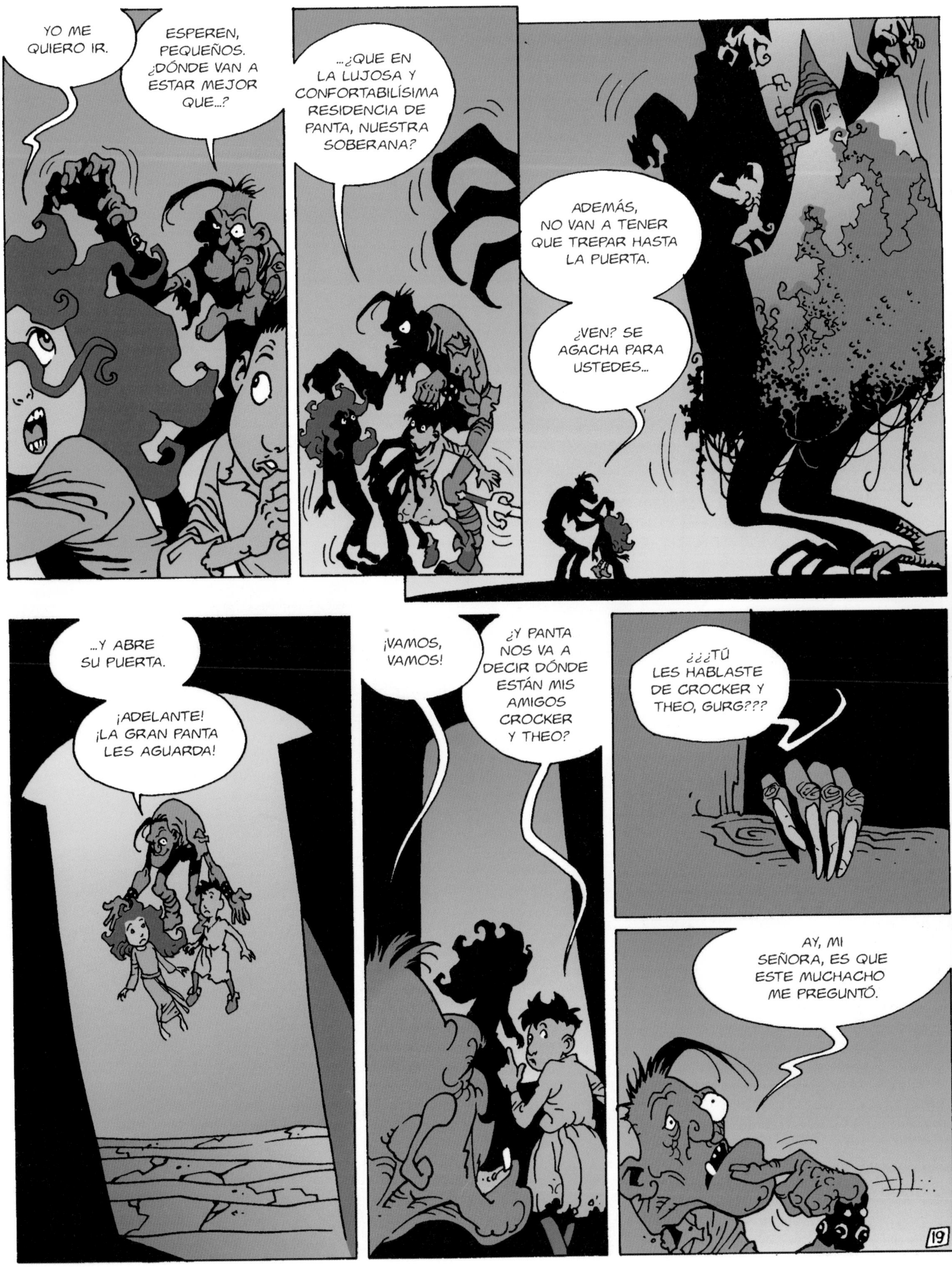
YO ME QUIERO IR.
ESPEREN, PEQUEÑOS. ¿DÓNDE VAN A ESTAR MEJOR QUE...?
...¿QUE EN LA LUJOSA Y CONFORTABILÍSIMA RESIDENCIA DE PANTA, NUESTRA SOBERANA?
ADEMÁS, NO VAN A TENER QUE TREPAR HASTA LA PUERTA.
¿VEN? SE AGACHA PARA USTEDES...
...Y ABRE SU PUERTA.
¡ADELANTE! ¡LA GRAN PANTA LES AGUARDA!
¡VAMOS, VAMOS!
¿Y PANTA NOS VA A DECIR DÓNDE ESTÁN MIS AMIGOS CROCKER Y THEO?
¿¿¿TÚ LES HABLASTE DE CROCKER Y THEO, GURG???
AY, MI SEÑORA, ES QUE ESTE MUCHACHO ME PREGUNTÓ.
19

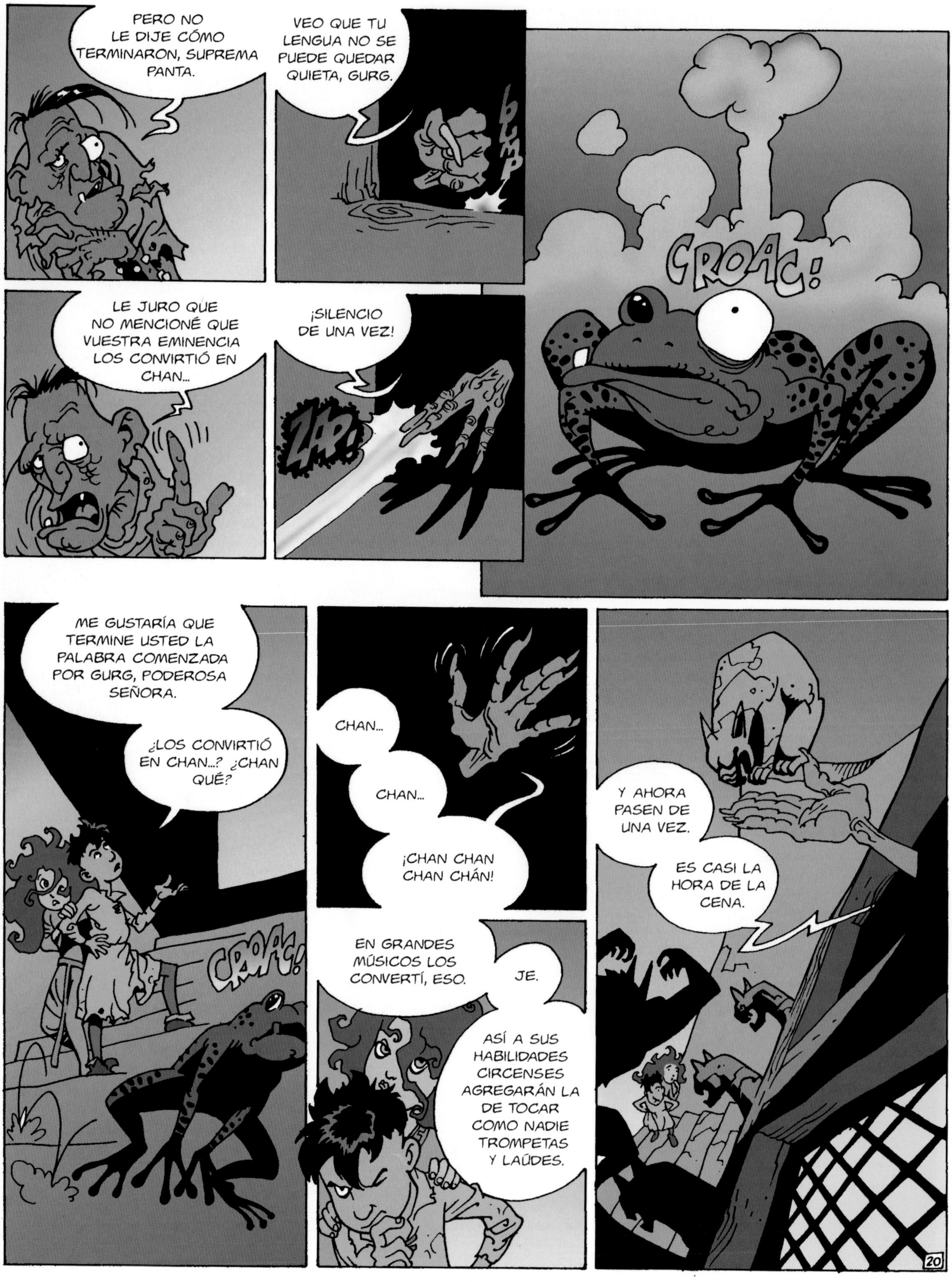
PERO NO LE DIJE CÓMO TERMINARON, SUPREMA PANTA.
VEO QUE TU LENGUA NO SE PUEDE QUEDAR QUIETA, GURG.
BLUMP
CROAC!
LE JURO QUE NO MENCIONÉ QUE VUESTRA EMINENCIA LOS CONVIRTIÓ EN CHAN...
¡SILENCIO DE UNA VEZ!
ZAP!
ME GUSTARÍA QUE TERMINE USTED LA PALABRA COMENZADA POR GURG, PODEROSA SEÑORA.
¿LOS CONVIRTIÓ EN CHAN...? ¿CHAN QUÉ?
CROAC!
CHAN...
CHAN...
¡CHAN CHAN CHAN CHÁN!
EN GRANDES MÚSICOS LOS CONVERTÍ, ESO.
JE.
ASÍ A SUS HABILIDADES CIRCENSES AGREGARÁN LA DE TOCAR COMO NADIE TROMPETAS Y LAÚDES.
Y AHORA PASEN DE UNA VEZ.
ES CASI LA HORA DE LA CENA.
20

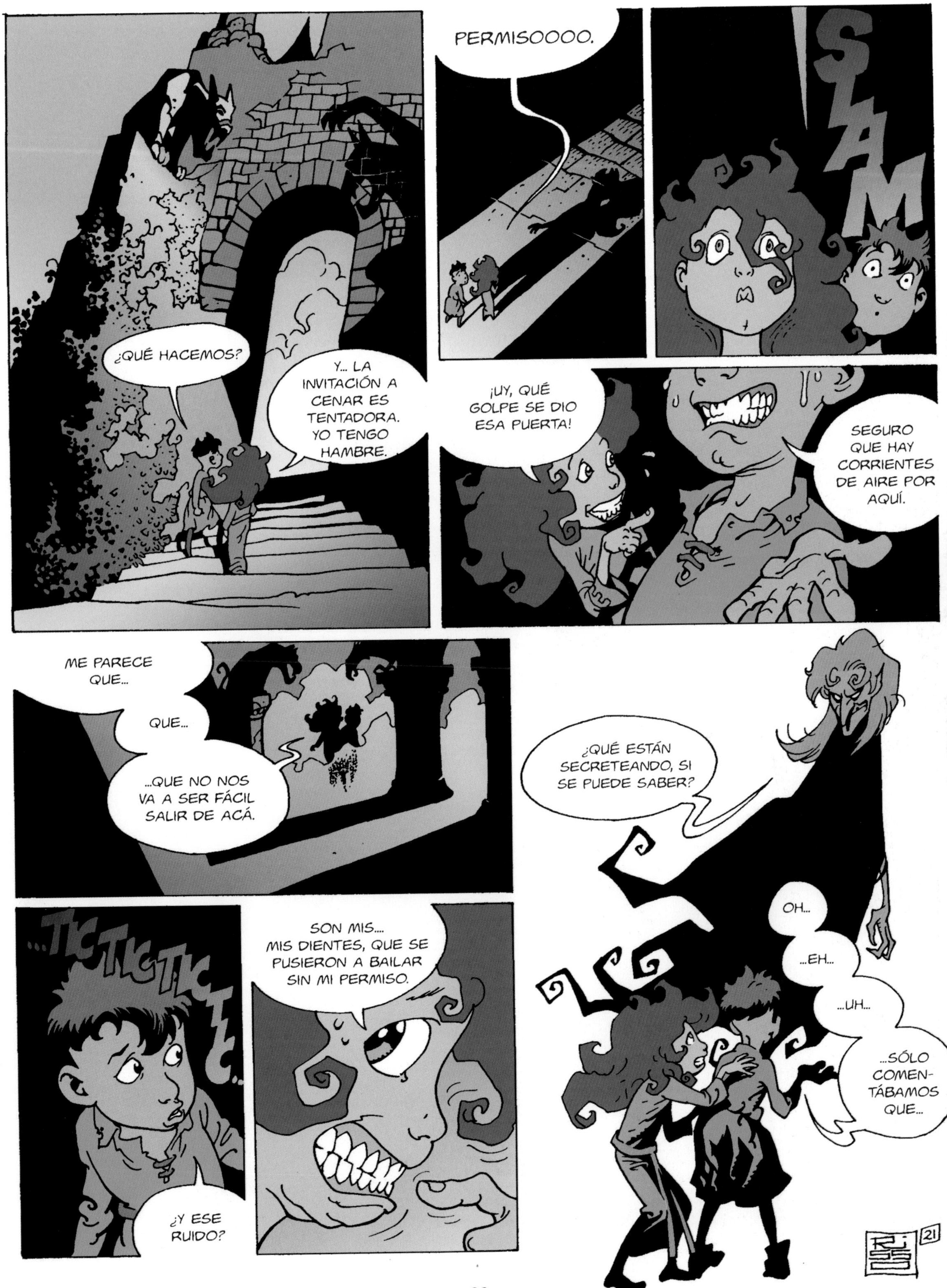

¿QUÉ HACEMOS?
Y... LA INVITACIÓN A CENAR ES TENTADORA. YO TENGO HAMBRE.
PERMISOOOO.
SLAM
¡UY, QUÉ GOLPE SE DIO ESA PUERTA!
SEGURO QUE HAY CORRIENTES DE AIRE POR AQUÍ.
ME PARECE QUE...
QUE...
...QUE NO NOS VA A SER FÁCIL SALIR DE ACÁ.
¿QUÉ ESTÁN SECRETEANDO, SI SE PUEDE SABER?
...TIC TIC TIC TIC
¿Y ESE RUIDO?
SON MIS... MIS DIENTES, QUE SE PUSIERON A BAILAR SIN MI PERMISO.
OH...
...EH...
...UH...
...SÓLO COMEN-TÁBAMOS QUE...
21

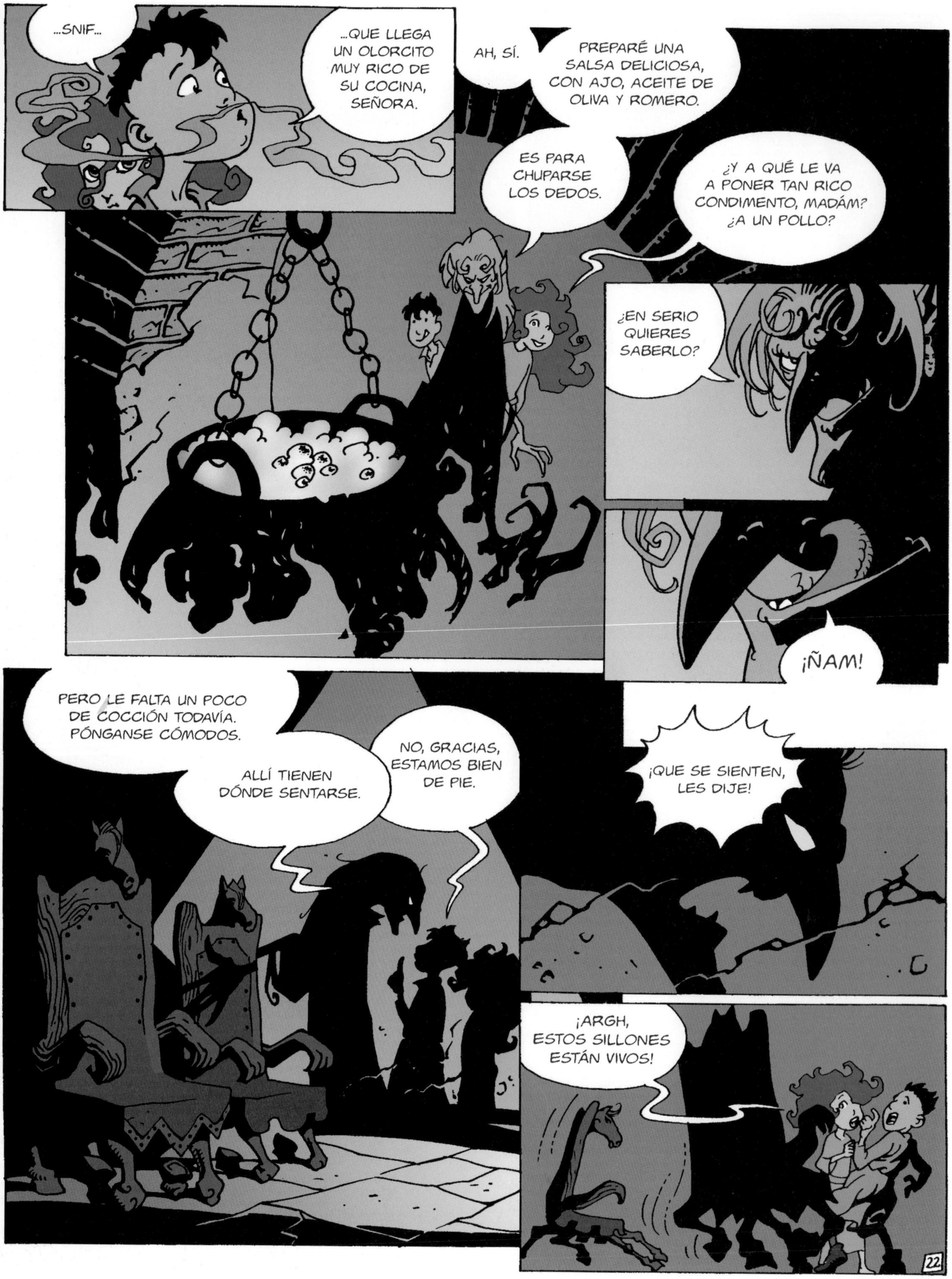

...SNIF...
...QUE LLEGA UN OLORCITO MUY RICO DE SU COCINA, SEÑORA.
AH, SÍ.
PREPARÉ UNA SALSA DELICIOSA, CON AJO, ACEITE DE OLIVA Y ROMERO.
ES PARA CHUPARSE LOS DEDOS.
¿Y A QUÉ LE VA A PONER TAN RICO CONDIMENTO, MADÁM? ¿A UN POLLO?
¿EN SERIO QUIERES SABERLO?
¡ÑAM!
PERO LE FALTA UN POCO DE COCCIÓN TODAVÍA. PÓNGANSE CÓMODOS.
ALLÍ TIENEN DÓNDE SENTARSE.
NO, GRACIAS, ESTAMOS BIEN DE PIE.
¡QUE SE SIENTEN, LES DIJE!
¡ARGH, ESTOS SILLONES ESTÁN VIVOS!
22

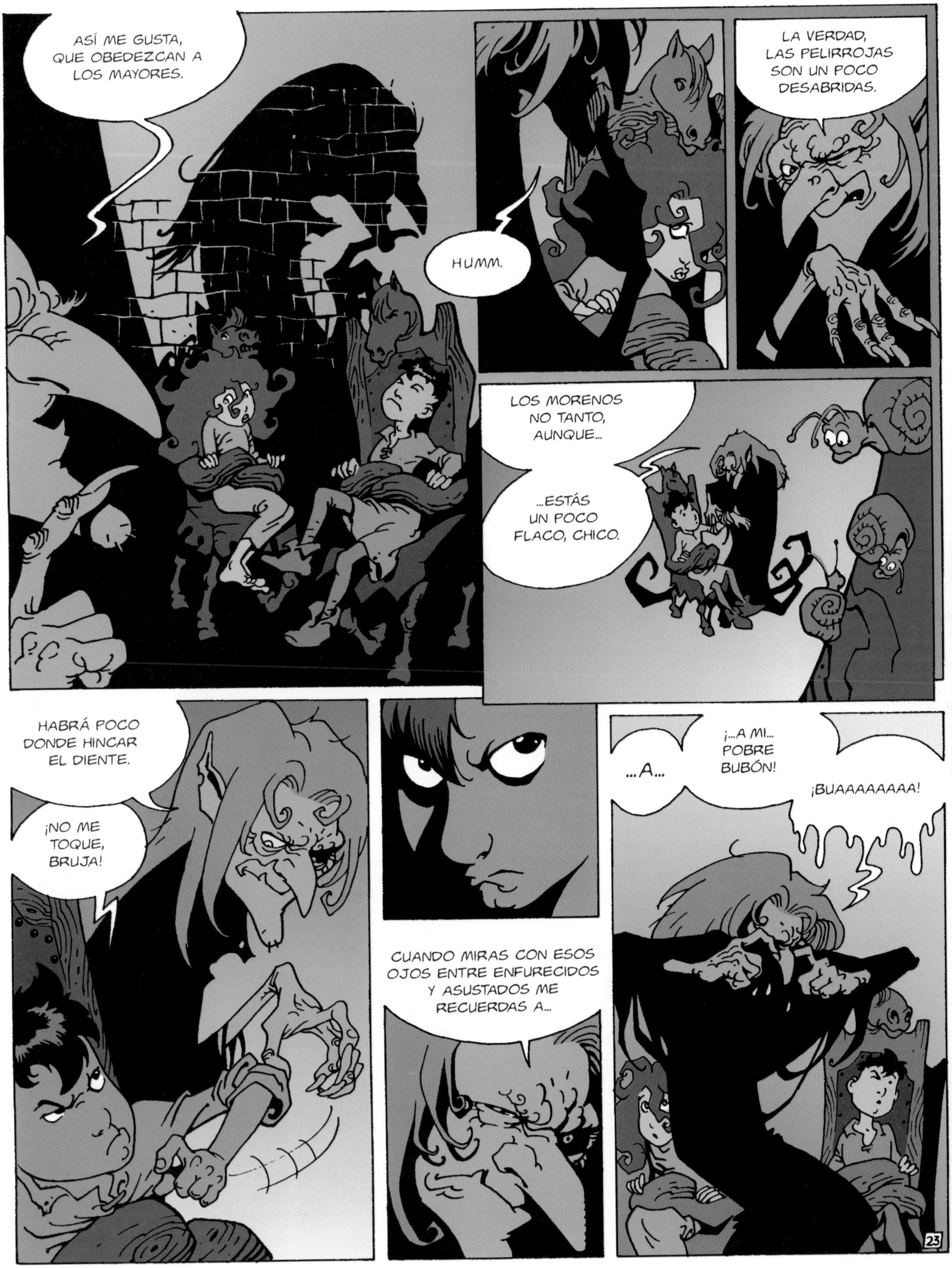
ASÍ ME GUSTA, QUE OBEDEZCAN A LOS MAYORES.
HUMM.
LA VERDAD, LAS PELIRROJAS SON UN POCO DESABRIDAS.
LOS MORENOS NO TANTO, AUNQUE...
...ESTÁS UN POCO FLACO, CHICO.
HABRÁ POCO DONDE HINCAR EL DIENTE.
¡NO ME TOQUE, BRUJA!
CUANDO MIRAS CON ESOS OJOS ENTRE ENFURECIDOS Y ASUSTADOS ME RECUERDAS A...
...A...
¡...A MI... POBRE BUBÓN!
¡BUAAAAAAAA!
23

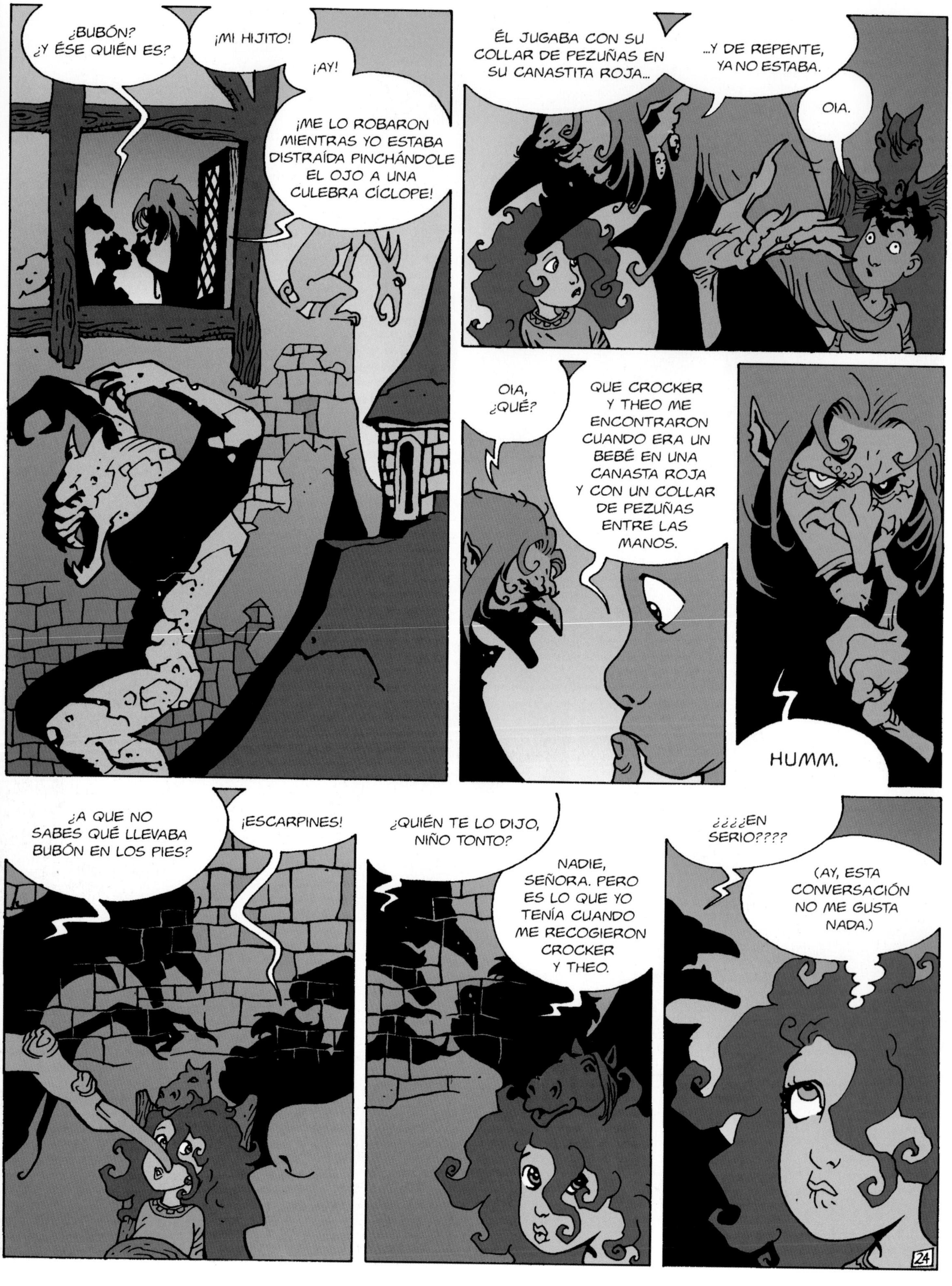

¿BUBÓN? ¿Y ÉSE QUIÉN ES?
¡MI HIJITO!
¡AY!
¡ME LO ROBARON MIENTRAS YO ESTABA DISTRAÍDA PINCHÁNDOLE EL OJO A UNA CULEBRA CÍCLOPE!
ÉL JUGABA CON SU COLLAR DE PEZUÑAS EN SU CANASTITA ROJA...
...Y DE REPENTE, YA NO ESTABA.
OIA.
OIA, ¿QUÉ?
QUE CROCKER Y THEO ME ENCONTRARON CUANDO ERA UN BEBÉ EN UNA CANASTA ROJA Y CON UN COLLAR DE PEZUÑAS ENTRE LAS MANOS.
HUMM.
¿A QUE NO SABES QUÉ LLEVABA BUBÓN EN LOS PIES?
¡ESCARPINES!
¿QUIÉN TE LO DIJO, NIÑO TONTO?
NADIE, SEÑORA. PERO ES LO QUE YO TENÍA CUANDO ME RECOGIERON CROCKER Y THEO.
¿¿¿¿EN SERIO????
(AY, ESTA CONVERSACIÓN NO ME GUSTA NADA.)
24

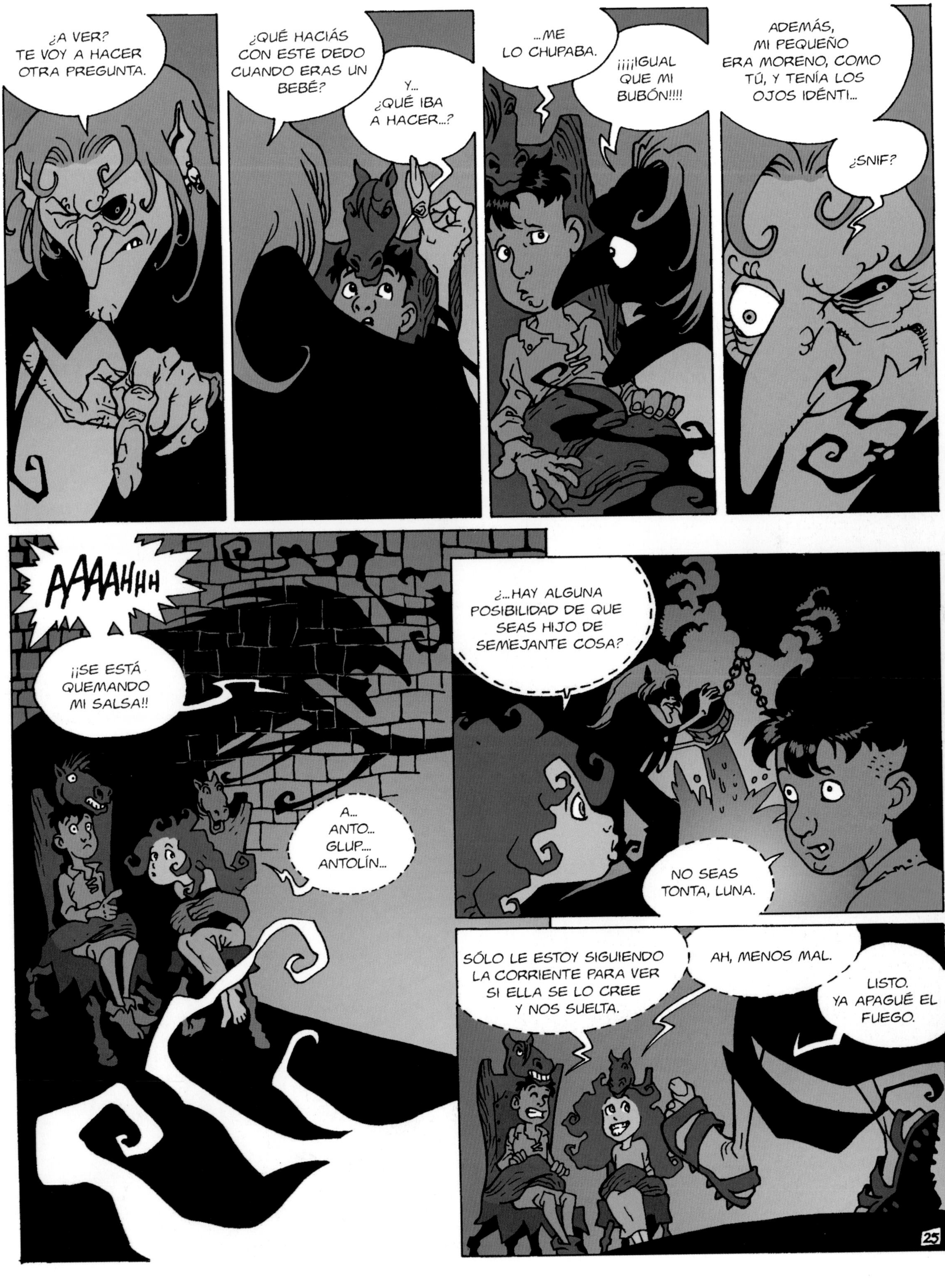

¿A VER? TE VOY A HACER OTRA PREGUNTA.
¿QUÉ HACIÁS CON ESTE DEDO CUANDO ERAS UN BEBÉ?
Y... ¿QUÉ IBA A HACER...?
...ME LO CHUPABA.
¡¡¡¡IGUAL QUE MI BUBÓN!!!!
ADEMÁS, MI PEQUEÑO ERA MORENO, COMO TÚ, Y TENÍA LOS OJOS IDÉNTI...
¿SNIF?
AAAAHHH
¡¡SE ESTÁ QUEMANDO MI SALSA!!
A... ANTO... GLUP.... ANTOLÍN...
¿...HAY ALGUNA POSIBILIDAD DE QUE SEAS HIJO DE SEMEJANTE COSA?
NO SEAS TONTA, LUNA.
SÓLO LE ESTOY SIGUIENDO LA CORRIENTE PARA VER SI ELLA SE LO CREE Y NOS SUELTA.
AH, MENOS MAL.
LISTO. YA APAGUÉ EL FUEGO.
25

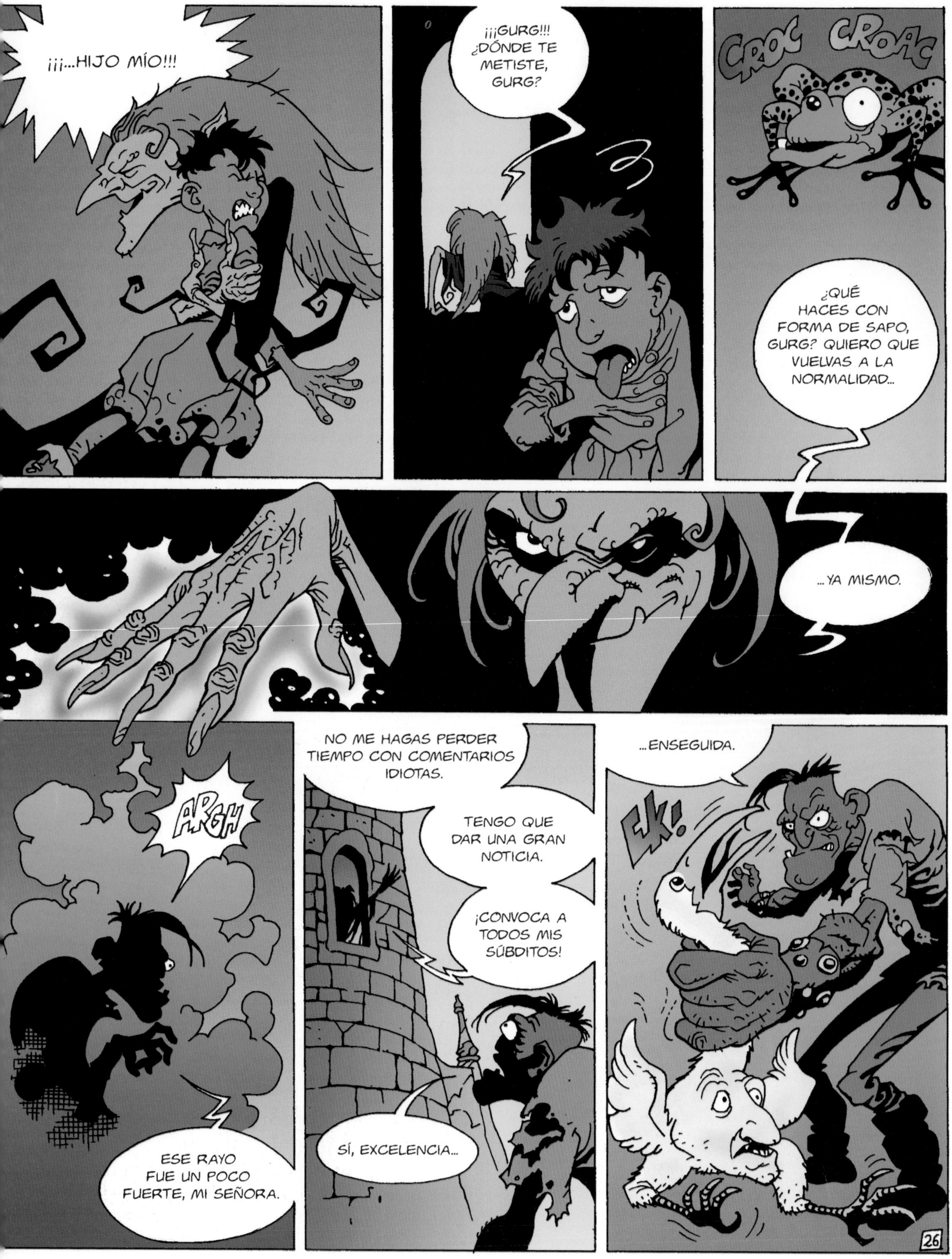
¡¡¡...HIJO MÍO!!!
¡¡¡GURG!!! ¿DÓNDE TE METISTE, GURG?
CROC CROAC
¿QUÉ HACES CON FORMA DE SAPO, GURG? QUIERO QUE VUELVAS A LA NORMALIDAD...
...YA MISMO.
ARGH
ESE RAYO FUE UN POCO FUERTE, MI SEÑORA.
NO ME HAGAS PERDER TIEMPO CON COMENTARIOS IDIOTAS.
TENGO QUE DAR UNA GRAN NOTICIA.
¡CONVOCA A TODOS MIS SÚBDITOS!
SÍ, EXCELENCIA...
...ENSEGUIDA.
EK!
26

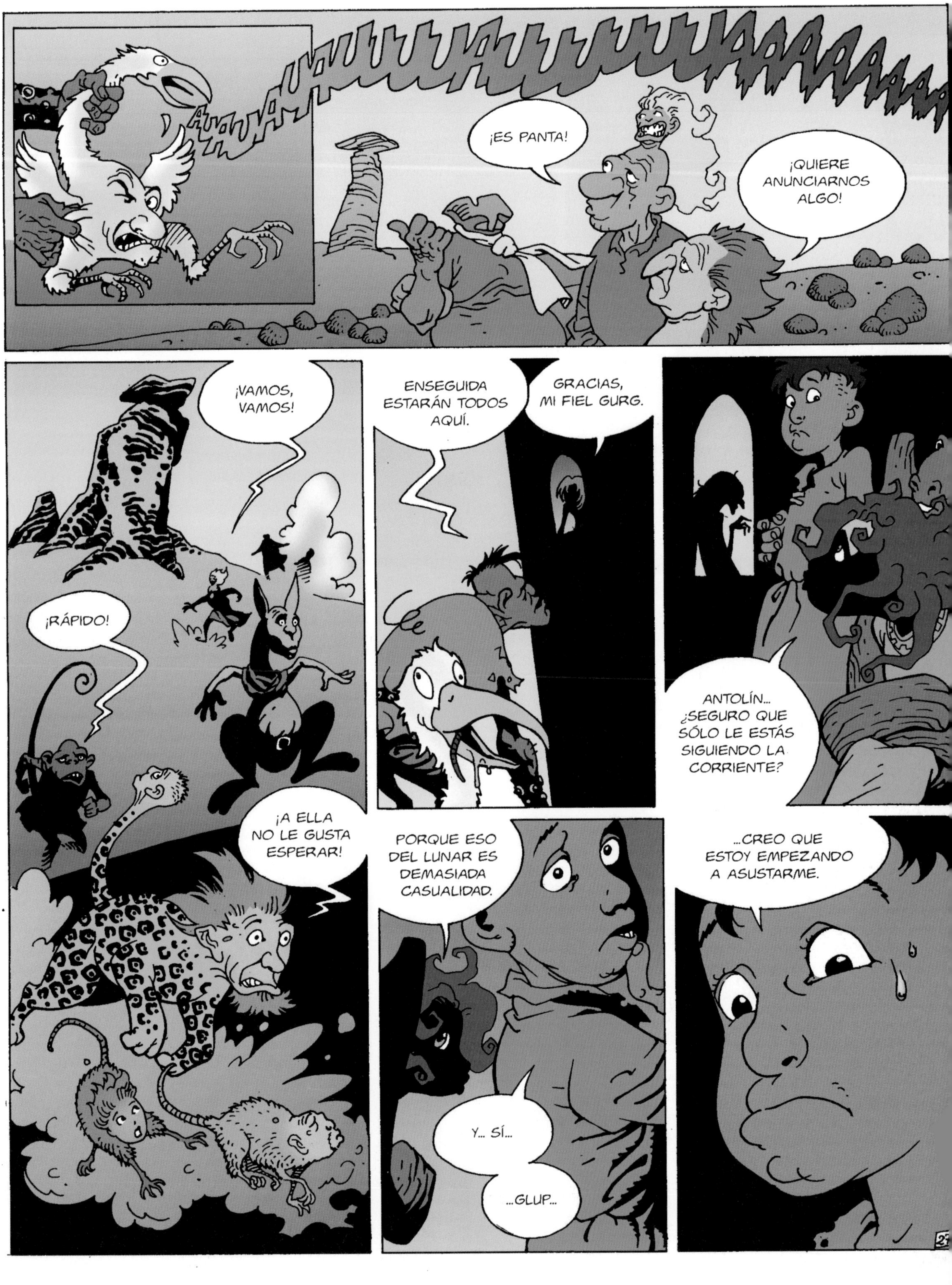
AUAUAUUUUUAUUUUUUUUAAAAAAAAAAA
¡ES PANTA!
¡QUIERE ANUNCIARNOS ALGO!
¡VAMOS, VAMOS!
¡RÁPIDO!
ENSEGUIDA ESTARÁN TODOS AQUÍ.
GRACIAS, MI FIEL GURG.
ANTOLÍN... ¿SEGURO QUE SÓLO LE ESTÁS SIGUIENDO LA CORRIENTE?
¡A ELLA NO LE GUSTA ESPERAR!
PORQUE ESO DEL LUNAR ES DEMASIADA CASUALIDAD.
Y... SÍ...
...GLUP...
...CREO QUE ESTOY EMPEZANDO A ASUSTARME.

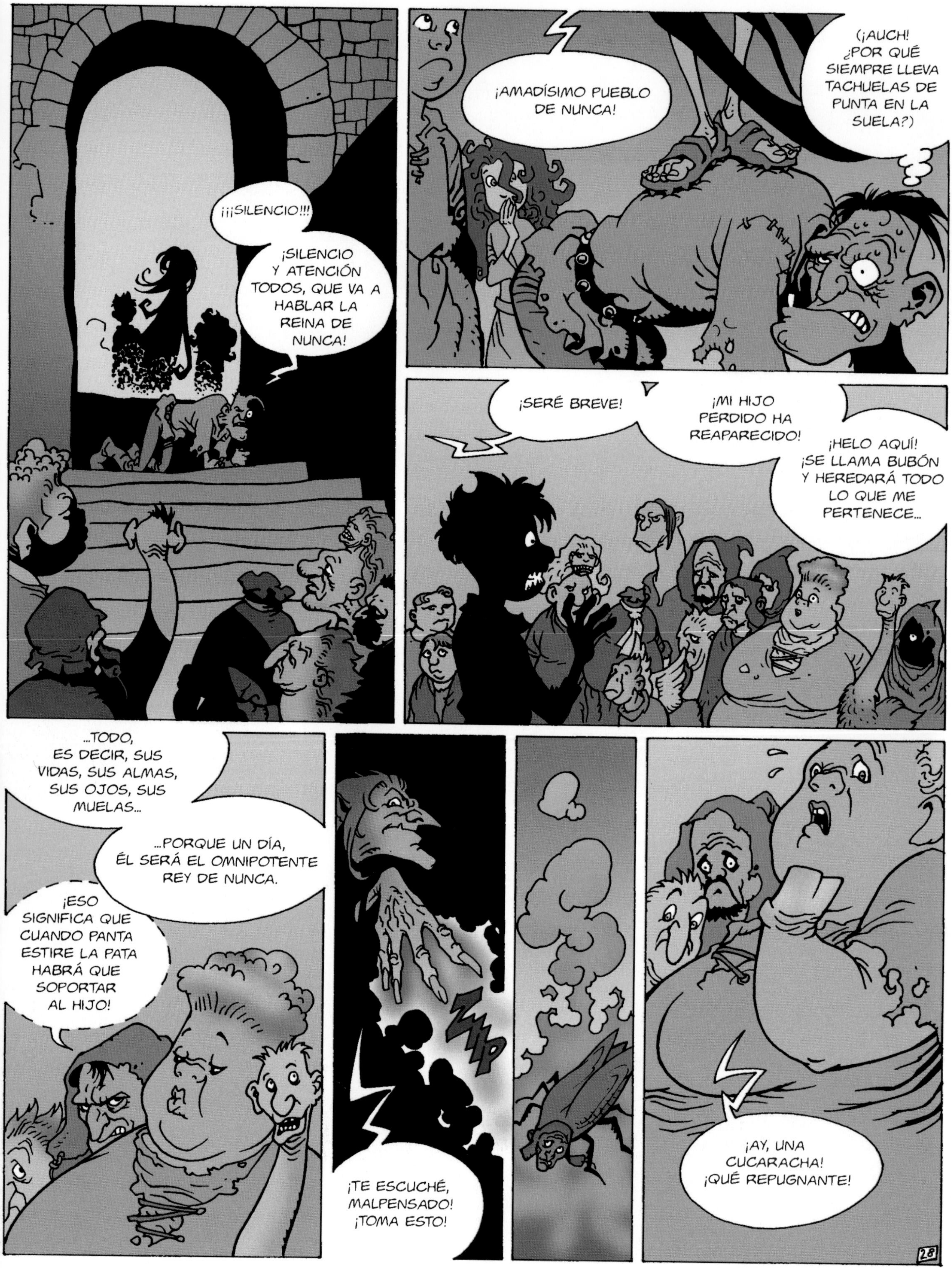
¡¡¡SILENCIO!!!
¡SILENCIO Y ATENCIÓN TODOS, QUE VA A HABLAR LA REINA DE NUNCA!
¡AMADÍSIMO PUEBLO DE NUNCA!
(¡AUCH! ¿POR QUÉ SIEMPRE LLEVA TACHUELAS DE PUNTA EN LA SUELA?)
¡SERÉ BREVE!
¡MI HIJO PERDIDO HA REAPARECIDO!
¡HELO AQUÍ! ¡SE LLAMA BUBÓN Y HEREDARÁ TODO LO QUE ME PERTENECE...
...TODO, ES DECIR, SUS VIDAS, SUS ALMAS, SUS OJOS, SUS MUELAS...
...PORQUE UN DÍA, ÉL SERÁ EL OMNIPOTENTE REY DE NUNCA.
¡ESO SIGNIFICA QUE CUANDO PANTA ESTIRE LA PATA HABRÁ QUE SOPORTAR AL HIJO!
¡TE ESCUCHÉ, MALPENSADO! ¡TOMA ESTO!
ZWIP
¡AY, UNA CUCARACHA! ¡QUÉ REPUGNANTE!
28

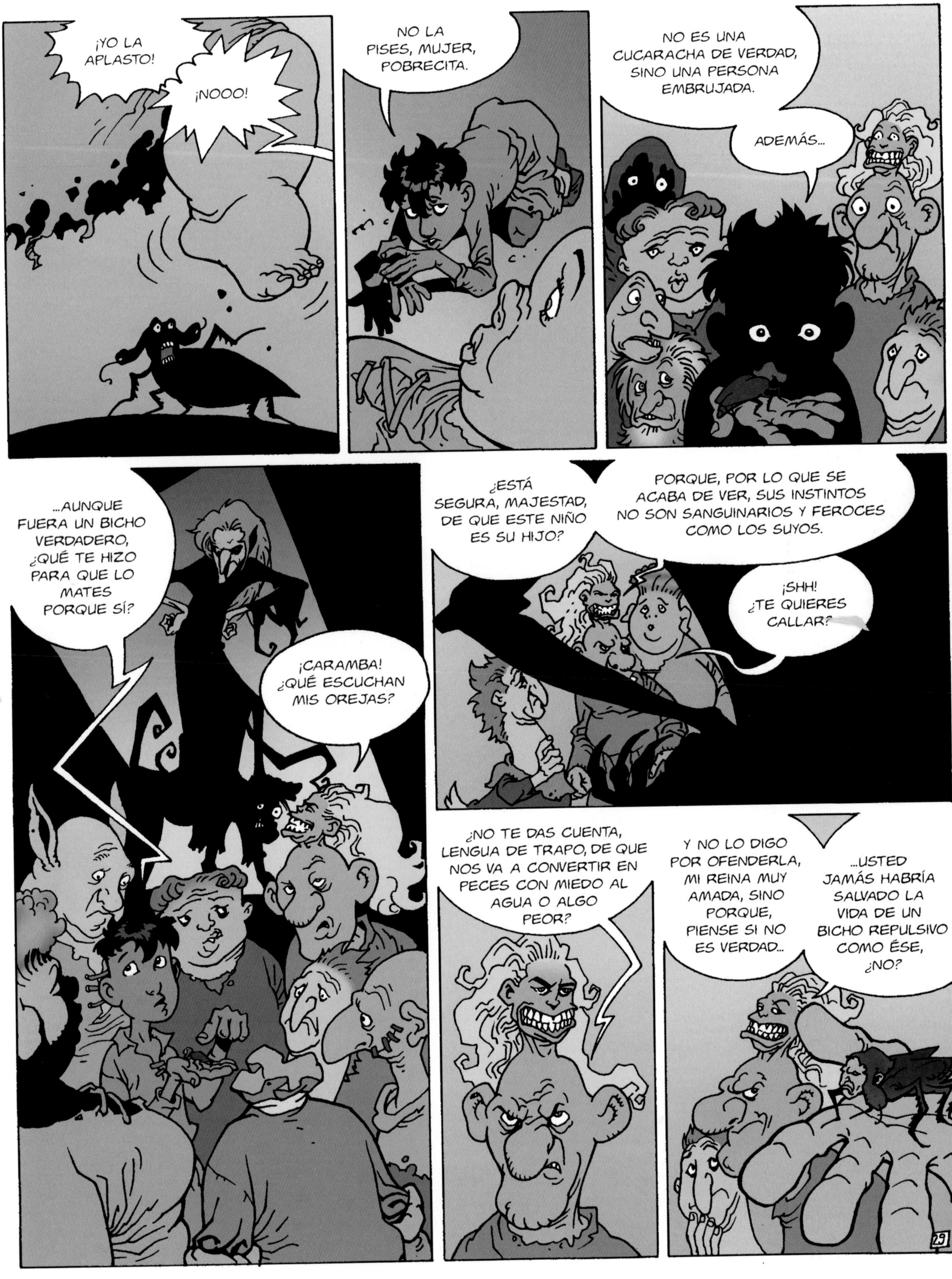
¡YO LA APLASTO!
¡NOOO!
NO LA PISES, MUJER, POBRECITA.
NO ES UNA CUCARACHA DE VERDAD, SINO UNA PERSONA EMBRUJADA.
ADEMÁS...
...AUNQUE FUERA UN BICHO VERDADERO, ¿QUÉ TE HIZO PARA QUE LO MATES PORQUE SÍ?
¡CARAMBA! ¿QUÉ ESCUCHAN MIS OREJAS?
¿ESTÁ SEGURA, MAJESTAD, DE QUE ESTE NIÑO ES SU HIJO?
PORQUE, POR LO QUE SE ACABA DE VER, SUS INSTINTOS NO SON SANGUINARIOS Y FEROCES COMO LOS SUYOS.
¡SHH! ¿TE QUIERES CALLAR?
¿NO TE DAS CUENTA, LENGUA DE TRAPO, DE QUE NOS VA A CONVERTIR EN PECES CON MIEDO AL AGUA O ALGO PEOR?
Y NO LO DIGO POR OFENDERLA, MI REINA MUY AMADA, SINO PORQUE, PIENSE SI NO ES VERDAD...
...USTED JAMÁS HABRÍA SALVADO LA VIDA DE UN BICHO REPULSIVO COMO ÉSE, ¿NO?
29

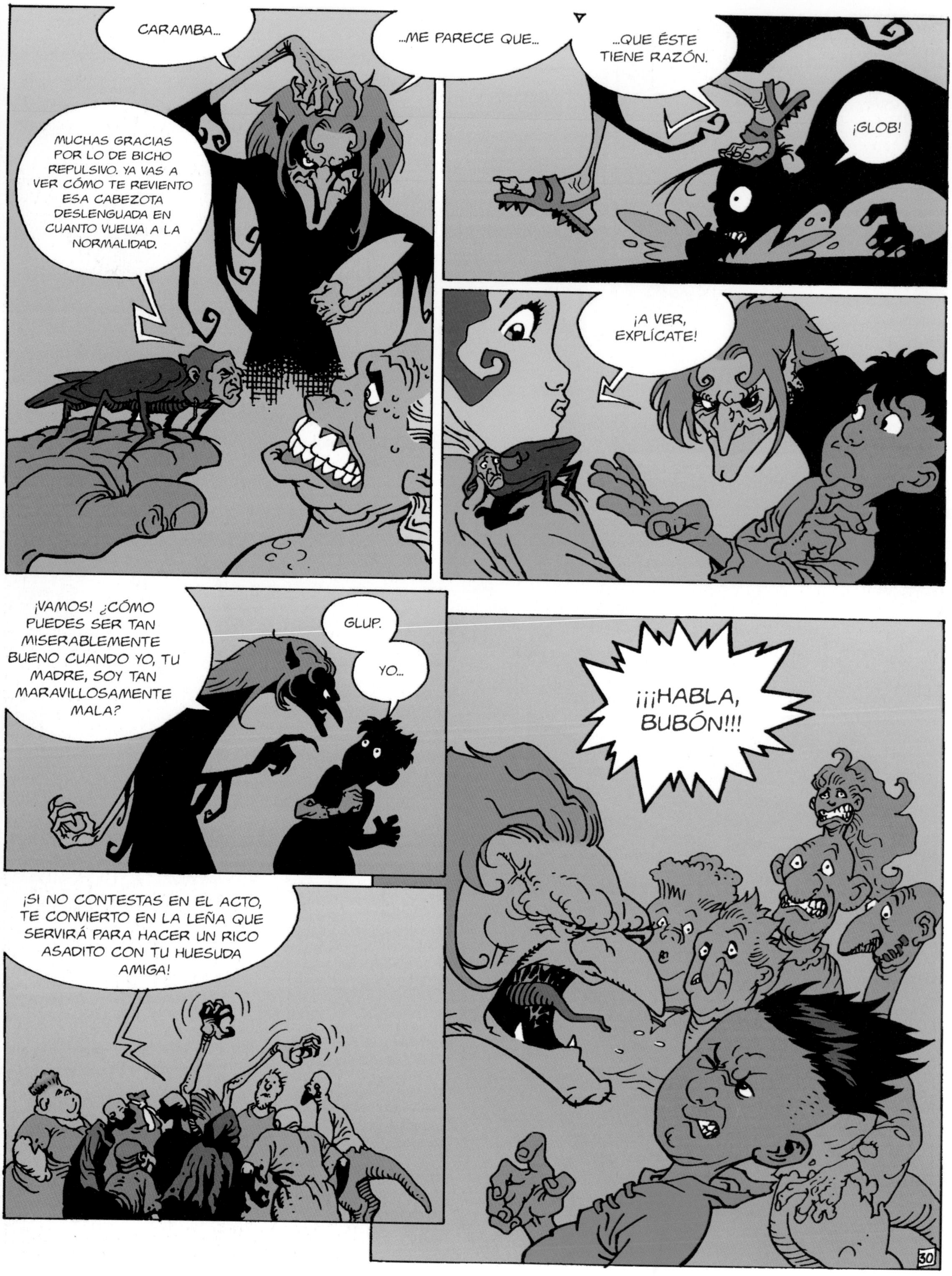
CARAMBA...
...ME PARECE QUE...
...QUE ÉSTE TIENE RAZÓN.
MUCHAS GRACIAS POR LO DE BICHO REPULSIVO. YA VAS A VER CÓMO TE REVIENTO ESA CABEZOTA DESLENGUADA EN CUANTO VUELVA A LA NORMALIDAD.
¡GLOB!
¡A VER, EXPLÍCATE!
¡VAMOS! ¿CÓMO PUEDES SER TAN MISERABLEMENTE BUENO CUANDO YO, TU MADRE, SOY TAN MARAVILLOSAMENTE MALA?
GLUP.
YO...
¡¡¡HABLA, BUBÓN!!!
¡SI NO CONTESTAS EN EL ACTO, TE CONVIERTO EN LA LEÑA QUE SERVIRÁ PARA HACER UN RICO ASADITO CON TU HUESUDA AMIGA!
30

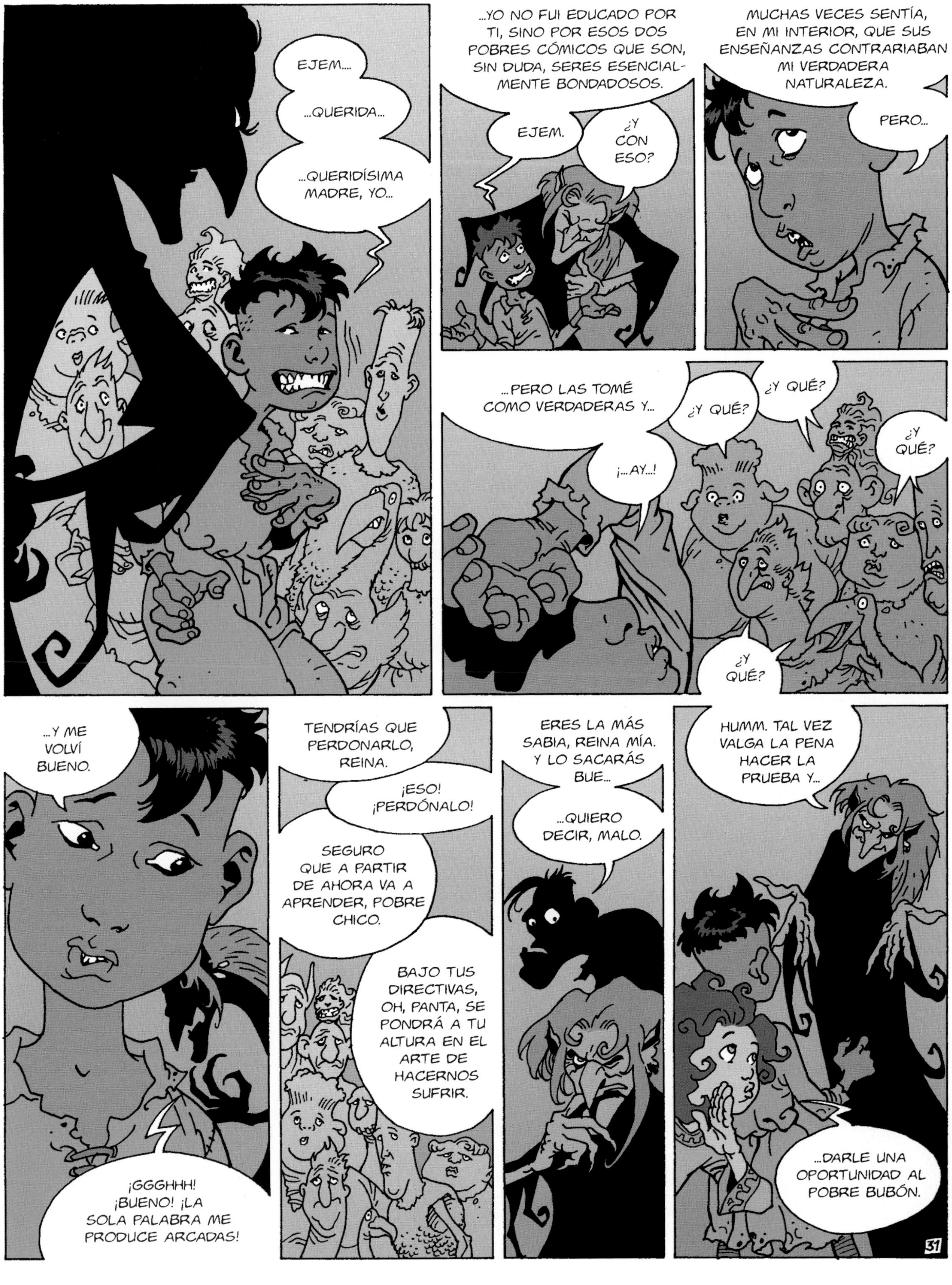
EJEM....
...QUERIDA...
...QUERIDÍSIMA MADRE, YO...
...YO NO FUI EDUCADO POR TI, SINO POR ESOS DOS POBRES CÓMICOS QUE SON, SIN DUDA, SERES ESENCIALMENTE BONDADOSOS.
EJEM.
¿Y CON ESO?
MUCHAS VECES SENTÍA, EN MI INTERIOR, QUE SUS ENSEÑANZAS CONTRARIABAN MI VERDADERA NATURALEZA.
PERO...
...PERO LAS TOMÉ COMO VERDADERAS Y...
¡...AY...!
¿Y QUÉ?
¿Y QUÉ?
¿Y QUÉ?
¿Y QUÉ?
...Y ME VOLVÍ BUENO.
¡GGGHHH! ¡BUENO! ¡LA SOLA PALABRA ME PRODUCE ARCADAS!
TENDRÍAS QUE PERDONARLO, REINA.
¡ESO! ¡PERDÓNALO!
SEGURO QUE A PARTIR DE AHORA VA A APRENDER, POBRE CHICO.
BAJO TUS DIRECTIVAS, OH, PANTA, SE PONDRÁ A TU ALTURA EN EL ARTE DE HACERNOS SUFRIR.
ERES LA MÁS SABIA, REINA MÍA. Y LO SACARÁS BUE...
...QUIERO DECIR, MALO.
HUMM. TAL VEZ VALGA LA PENA HACER LA PRUEBA Y...
...DARLE UNA OPORTUNIDAD AL POBRE BUBÓN.
31

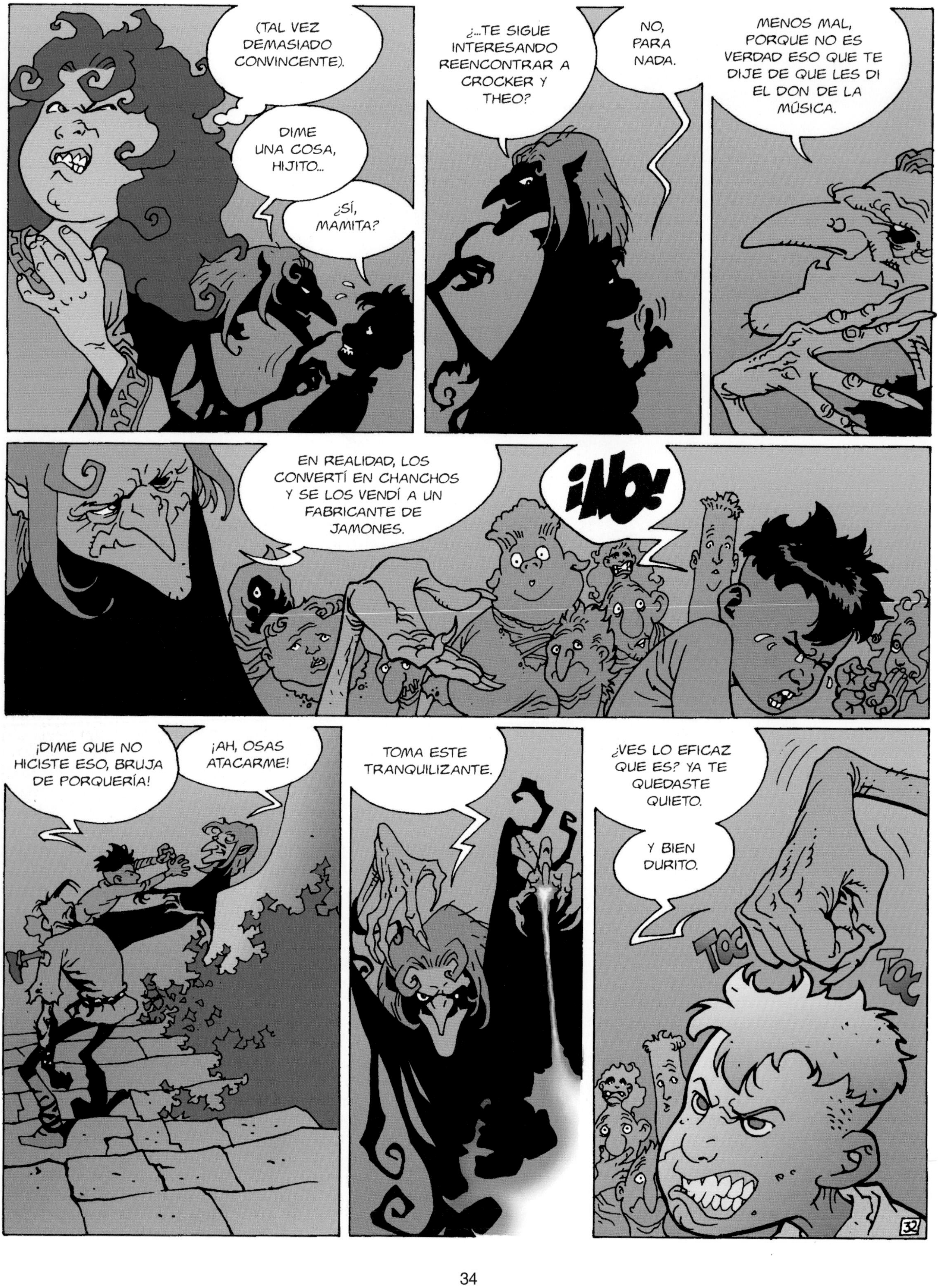
(TAL VEZ DEMASIADO CONVINCENTE).
DIME UNA COSA, HIJITO...
¿SÍ, MAMITA?
¿...TE SIGUE INTERESANDO REENCONTRAR A CROCKER Y THEO?
NO, PARA NADA.
MENOS MAL, PORQUE NO ES VERDAD ESO QUE TE DIJE DE QUE LES DI EL DON DE LA MÚSICA.
EN REALIDAD, LOS CONVERTÍ EN CHANCHOS Y SE LOS VENDÍ A UN FABRICANTE DE JAMONES.
¡NO!
¡DIME QUE NO HICISTE ESO, BRUJA DE PORQUERÍA!
¡AH, OSAS ATACARME!
TOMA ESTE TRANQUILIZANTE.
¿VES LO EFICAZ QUE ES? YA TE QUEDASTE QUIETO.
Y BIEN DURITO.
TOC
TOC
32

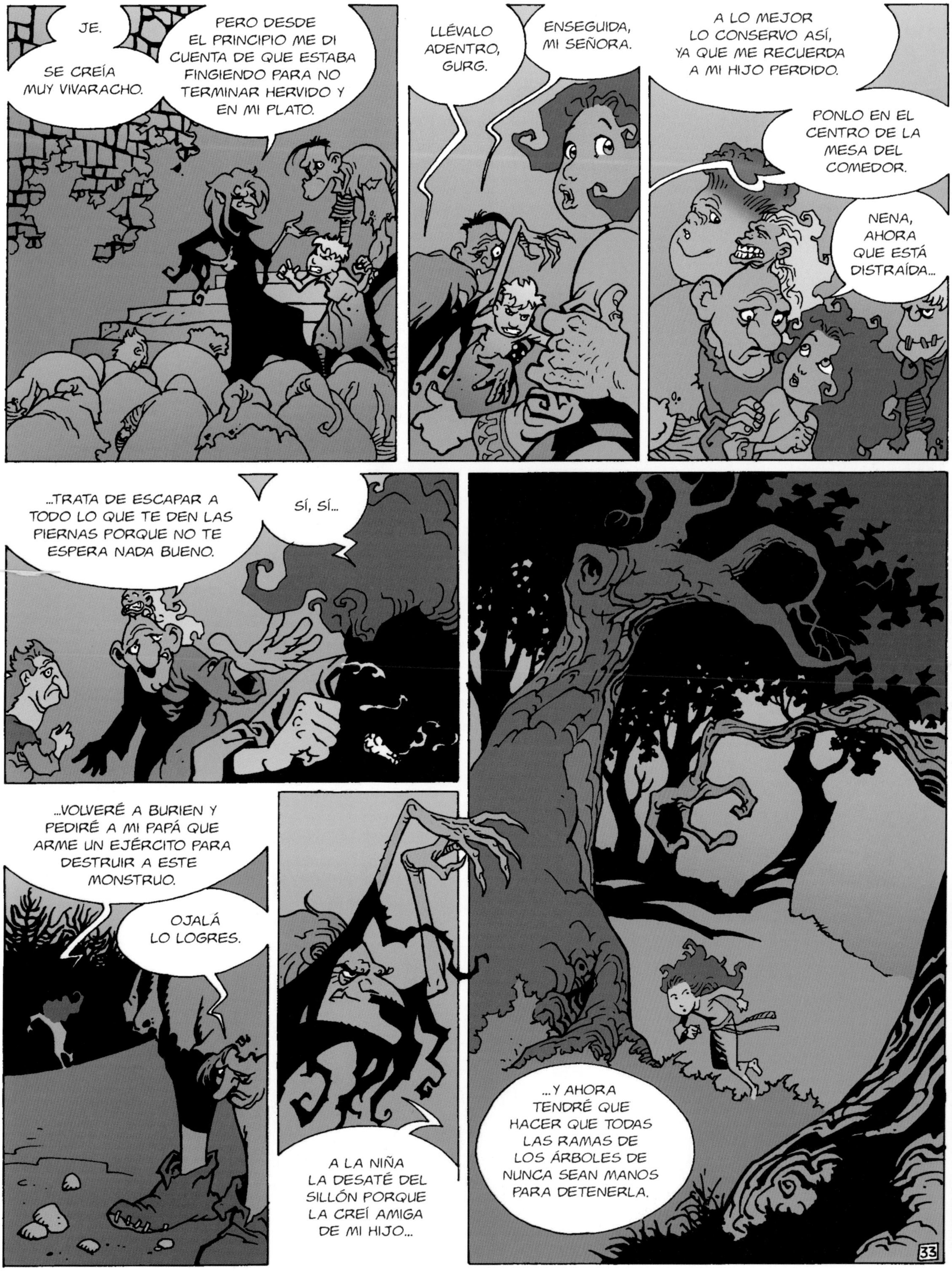
JE.
SE CREÍA MUY VIVARACHO.
PERO DESDE EL PRINCIPIO ME DI CUENTA DE QUE ESTABA FINGIENDO PARA NO TERMINAR HERVIDO Y EN MI PLATO.
LLÉVALO ADENTRO, GURG.
ENSEGUIDA, MI SEÑORA.
A LO MEJOR LO CONSERVO ASÍ, YA QUE ME RECUERDA A MI HIJO PERDIDO.
PONLO EN EL CENTRO DE LA MESA DEL COMEDOR.
NENA, AHORA QUE ESTÁ DISTRAÍDA...
...TRATA DE ESCAPAR A TODO LO QUE TE DEN LAS PIERNAS PORQUE NO TE ESPERA NADA BUENO.
SÍ, SÍ...
...VOLVERÉ A BURIEN Y PEDIRÉ A MI PAPÁ QUE ARME UN EJÉRCITO PARA DESTRUIR A ESTE MONSTRUO.
OJALÁ LO LOGRES.
A LA NIÑA LA DESATÉ DEL SILLÓN PORQUE LA CREÍ AMIGA DE MI HIJO...
...Y AHORA TENDRÉ QUE HACER QUE TODAS LAS RAMAS DE LOS ÁRBOLES DE NUNCA SEAN MANOS PARA DETENERLA.
33

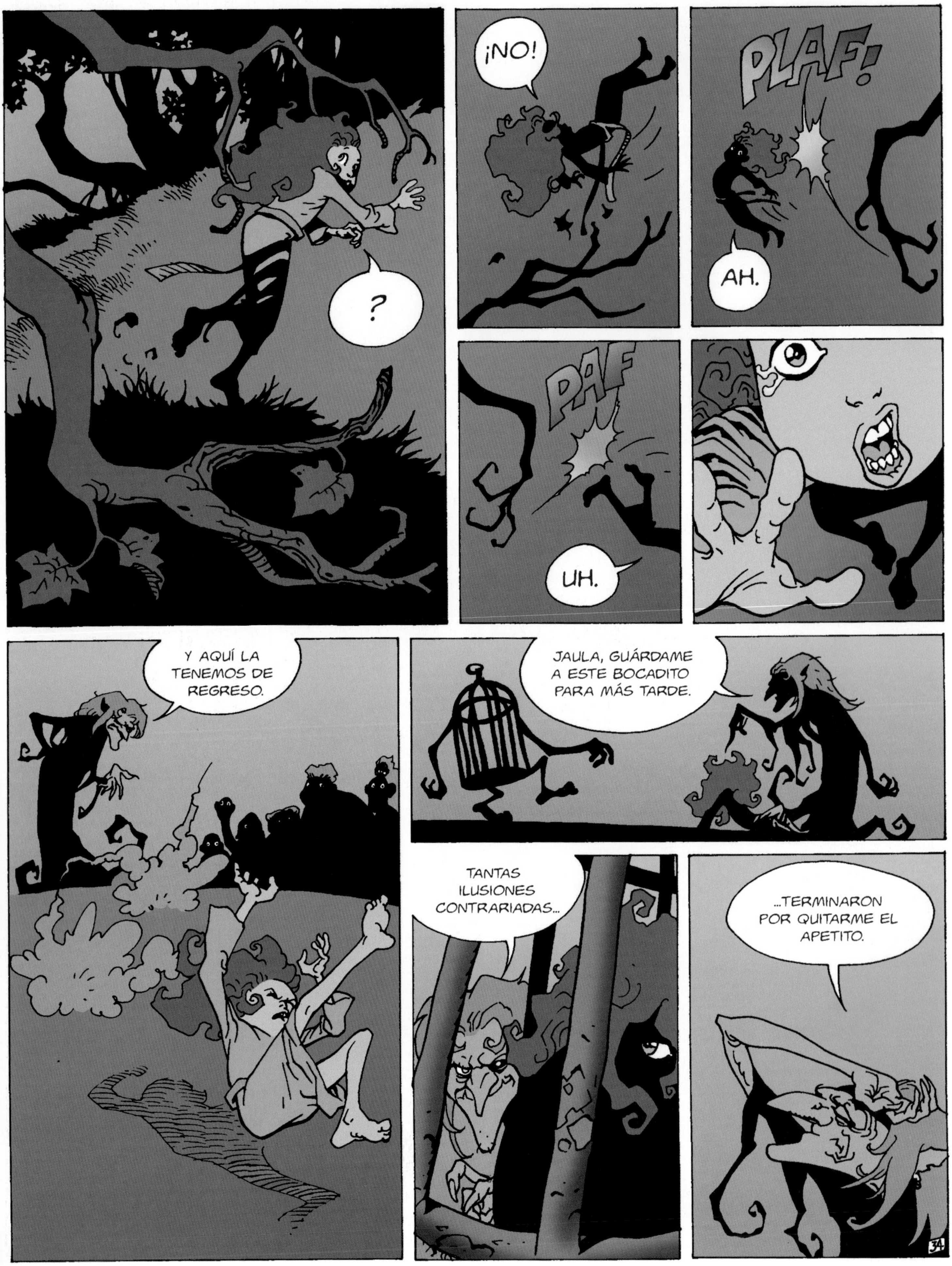
?
¡NO!
PLAF!
AH.
PAF
UH.
Y AQUÍ LA TENEMOS DE REGRESO.
JAULA, GUÁRDAME A ESTE BOCADITO PARA MÁS TARDE.
TANTAS ILUSIONES CONTRARIADAS...
...TERMINARON POR QUITARME EL APETITO.
34

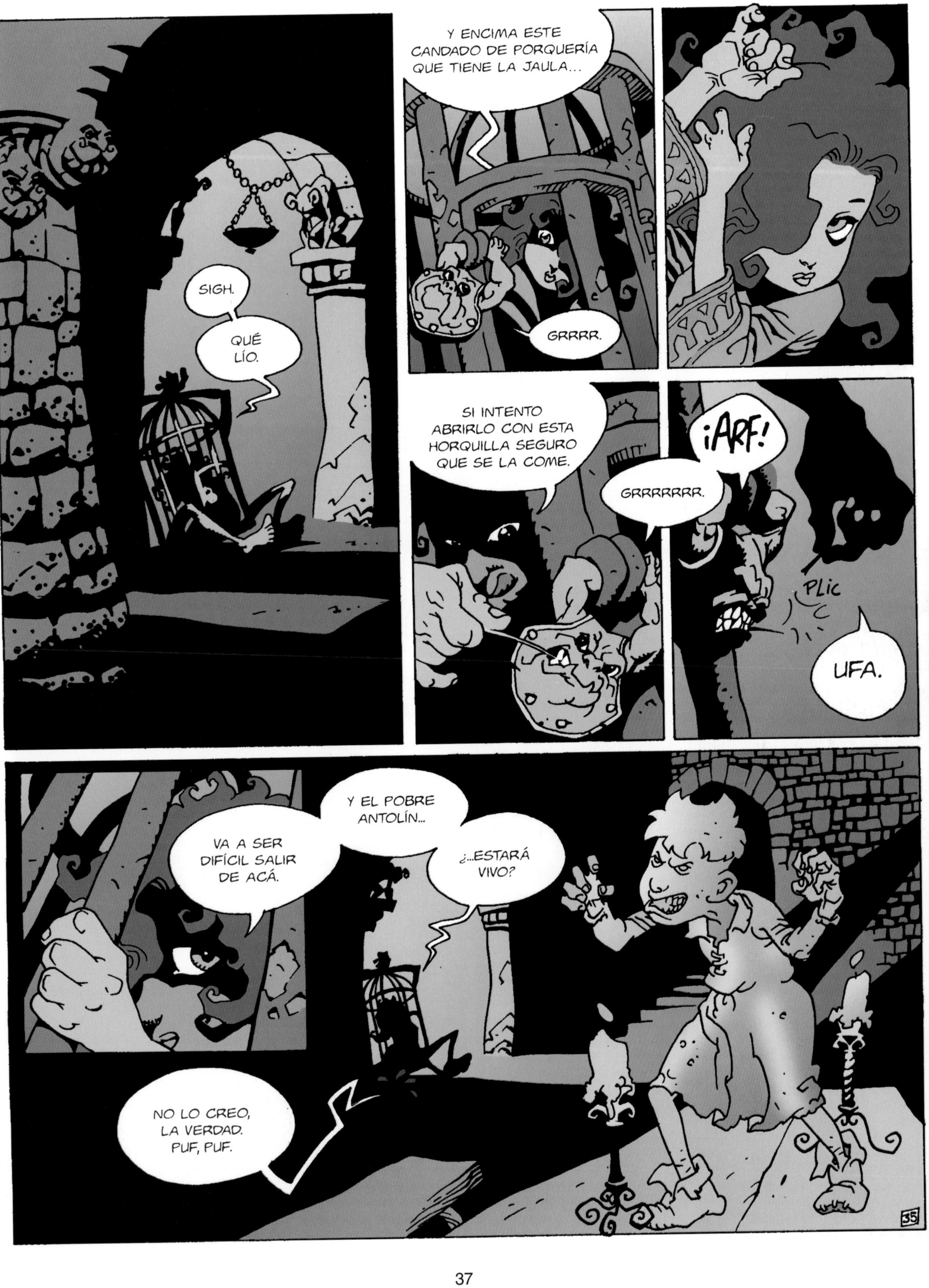
SIGH.
QUÉ LÍO.
Y ENCIMA ESTE CANDADO DE PORQUERÍA QUE TIENE LA JAULA...
GRRRR.
SI INTENTO ABRIRLO CON ESTA HORQUILLA SEGURO QUE SE LA COME.
GRRRRRRR.
¡ARF!
PLic
UFA.
VA A SER DIFÍCIL SALIR DE ACÁ.
Y EL POBRE ANTOLÍN...
¿...ESTARÁ VIVO?
NO LO CREO, LA VERDAD. PUF, PUF.
35

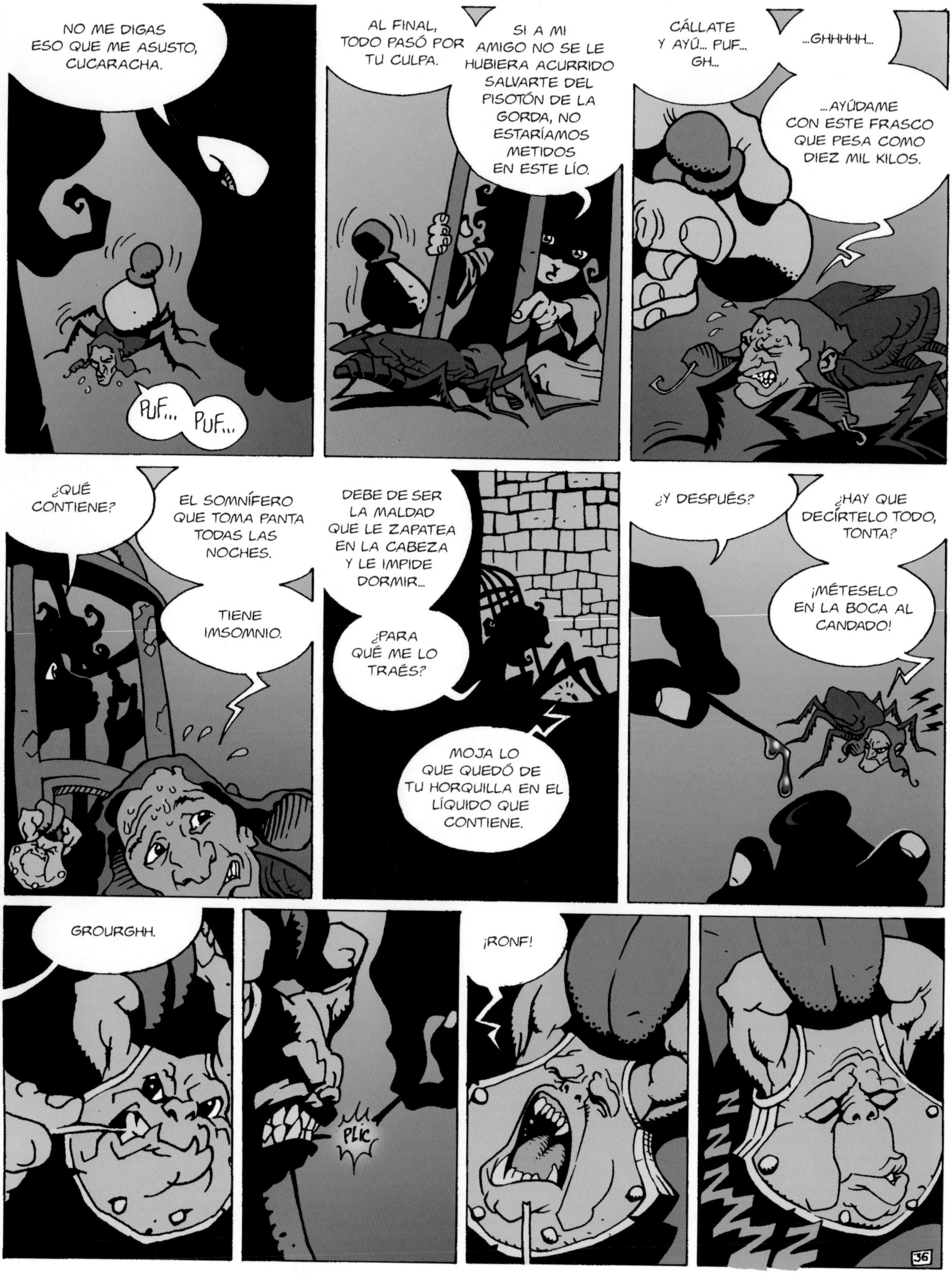
NO ME DIGAS ESO QUE ME ASUSTO, CUCARACHA.
PUF... PUF...
AL FINAL, TODO PASÓ POR TU CULPA.
SI A MI AMIGO NO SE LE HUBIERA ACURRIDO SALVARTE DEL PISOTÓN DE LA GORDA, NO ESTARÍAMOS METIDOS EN ESTE LÍO.
CÁLLATE Y AYÚ... PUF... GH...
...GHHHHH...
...AYÚDAME CON ESTE FRASCO QUE PESA COMO DIEZ MIL KILOS.
¿QUÉ CONTIENE?
EL SOMNÍFERO QUE TOMA PANTA TODAS LAS NOCHES.
TIENE IMSOMNIO.
DEBE DE SER LA MALDAD QUE LE ZAPATEA EN LA CABEZA Y LE IMPIDE DORMIR...
¿PARA QUÉ ME LO TRAÉS?
MOJA LO QUE QUEDÓ DE TU HORQUILLA EN EL LÍQUIDO QUE CONTIENE.
¿Y DESPUÉS?
¿HAY QUE DECÍRTELO TODO, TONTA?
¡MÉTESELO EN LA BOCA AL CANDADO!
GROURGHH.
PLIC
¡RONF!
36

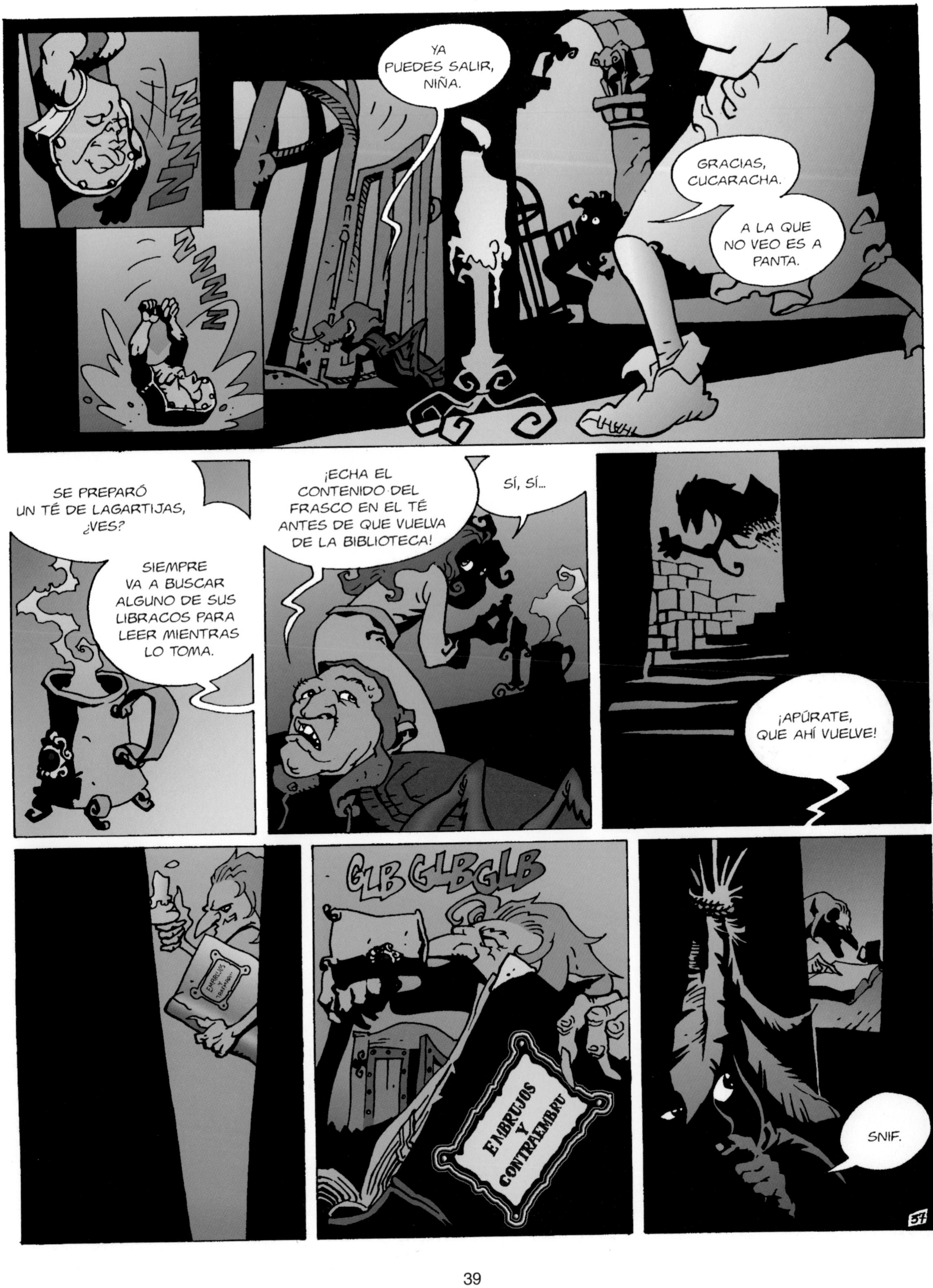

YA PUEDES SALIR, NIÑA.
GRACIAS, CUCARACHA.
A LA QUE NO VEO ES A PANTA.
SE PREPARÓ UN TÉ DE LAGARTIJAS, ¿VES?
SIEMPRE VA A BUSCAR ALGUNO DE SUS LIBRACOS PARA LEER MIENTRAS LO TOMA.
¡ECHA EL CONTENIDO DEL FRASCO EN EL TÉ ANTES DE QUE VUELVA DE LA BIBLIOTECA!
SÍ, SÍ...
¡APÚRATE, QUE AHÍ VUELVE!
GLB GLBGLB
EMBRUJOS Y CONTRAEMBRU
SNIF.
57

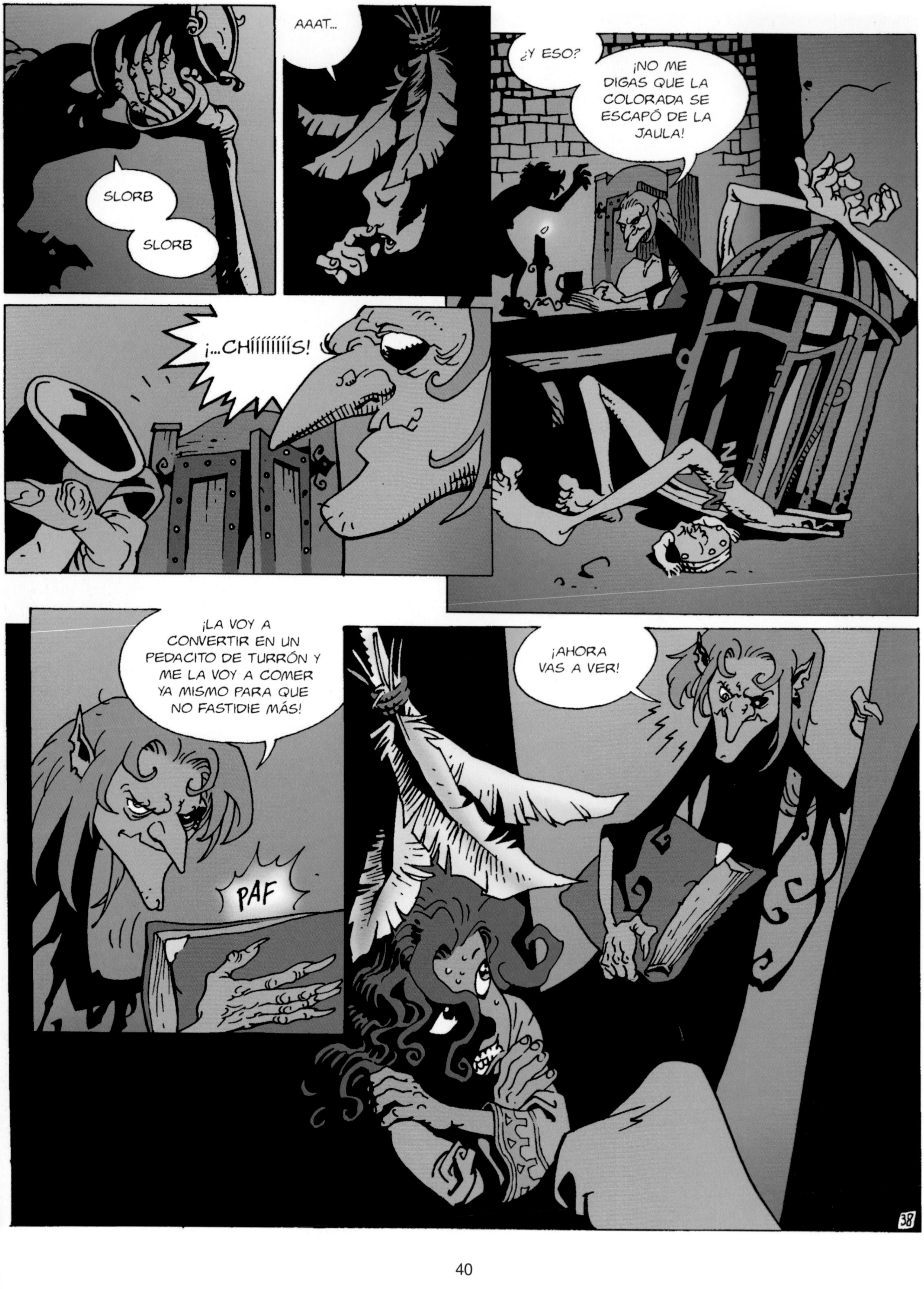
SLORB
SLORB
AAAT...
¿Y ESO?
¡NO ME DIGAS QUE LA COLORADA SE ESCAPÓ DE LA JAULA!
¡...CHÍÍÍÍÍÍÍS!
¡LA VOY A CONVERTIR EN UN PEDACITO DE TURRÓN Y ME LA VOY A COMER YA MISMO PARA QUE NO FASTIDIE MÁS!
PAF
¡AHORA VAS A VER!
38

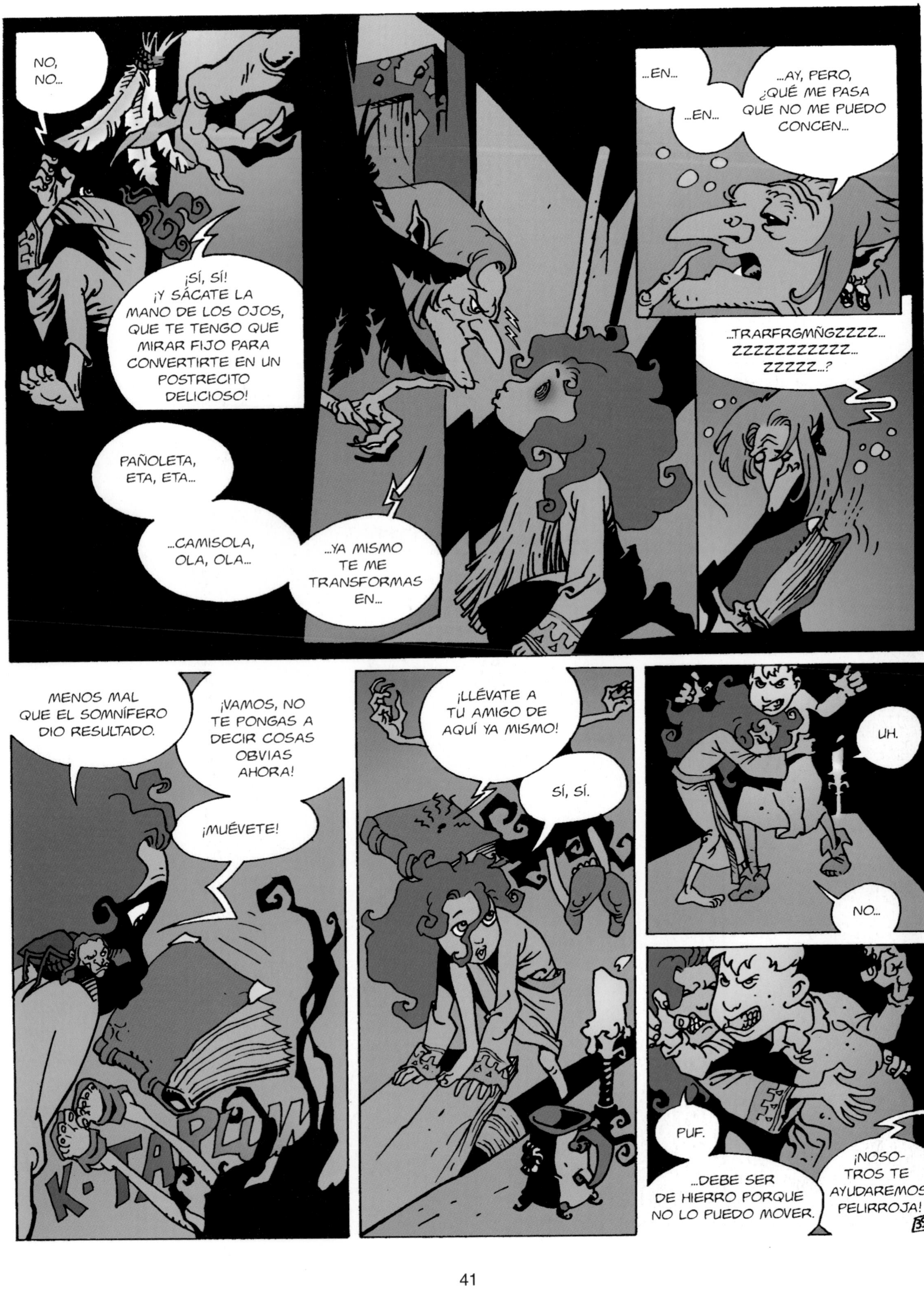
NO, NO...
¡SÍ, SÍ! ¡Y SÁCATE LA MANO DE LOS OJOS, QUE TE TENGO QUE MIRAR FIJO PARA CONVERTIRTE EN UN POSTRECITO DELICIOSO!
PAÑOLETA, ETA, ETA...
...CAMISOLA, OLA, OLA...
...YA MISMO TE ME TRANSFORMAS EN...
...EN...
...EN...
...AY, PERO, ¿QUÉ ME PASA QUE NO ME PUEDO CONCEN...
...TRARFRGMÑGZZZZ... ZZZZZZZZZZZ... ZZZZZ...?
MENOS MAL QUE EL SOMNÍFERO DIO RESULTADO.
¡VAMOS, NO TE PONGAS A DECIR COSAS OBVIAS AHORA!
¡MUÉVETE!
K-TA-PLUM
¡LLÉVATE A TU AMIGO DE AQUÍ YA MISMO!
SÍ, SÍ.
UH.
NO...
PUF.
...DEBE SER DE HIERRO PORQUE NO LO PUEDO MOVER.
¡NOSOTROS TE AYUDAREMOS, PELIRROJA!
39

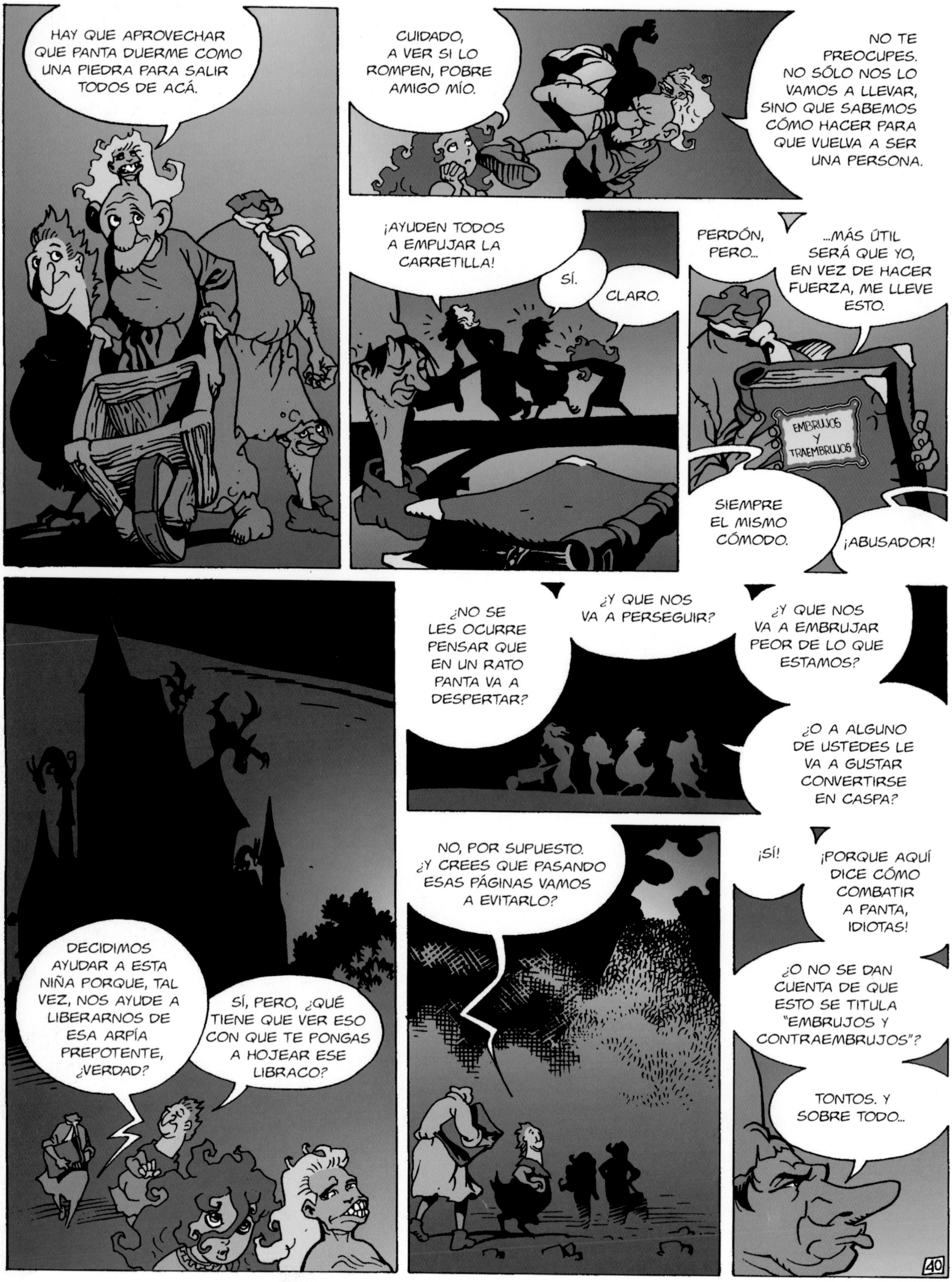
HAY QUE APROVECHAR QUE PANTA DUERME COMO UNA PIEDRA PARA SALIR TODOS DE ACÁ.
CUIDADO, A VER SI LO ROMPEN, POBRE AMIGO MÍO.
NO TE PREOCUPES. NO SÓLO NOS LO VAMOS A LLEVAR, SINO QUE SABEMOS CÓMO HACER PARA QUE VUELVA A SER UNA PERSONA.
¡AYUDEN TODOS A EMPUJAR LA CARRETILLA!
SÍ.
CLARO.
PERDÓN, PERO...
...MÁS ÚTIL SERÁ QUE YO, EN VEZ DE HACER FUERZA, ME LLEVE ESTO.
EMBRUJOS Y TRAEMBRUJOS
SIEMPRE EL MISMO CÓMODO.
¡ABUSADOR!
¿NO SE LES OCURRE PENSAR QUE EN UN RATO PANTA VA A DESPERTAR?
¿Y QUE NOS VA A PERSEGUIR?
¿Y QUE NOS VA A EMBRUJAR PEOR DE LO QUE ESTAMOS?
¿O A ALGUNO DE USTEDES LE VA A GUSTAR CONVERTIRSE EN CASPA?
DECIDIMOS AYUDAR A ESTA NIÑA PORQUE, TAL VEZ, NOS AYUDE A LIBERARNOS DE ESA ARPÍA PREPOTENTE, ¿VERDAD?
SÍ, PERO, ¿QUÉ TIENE QUE VER ESO CON QUE TE PONGAS A HOJEAR ESE LIBRACO?
NO, POR SUPUESTO. ¿Y CREES QUE PASANDO ESAS PÁGINAS VAMOS A EVITARLO?
¡SÍ!
¡PORQUE AQUÍ DICE CÓMO COMBATIR A PANTA, IDIOTAS!
¿O NO SE DAN CUENTA DE QUE ESTO SE TITULA "EMBRUJOS Y CONTRAEMBRUJOS"?
TONTOS. Y SOBRE TODO...
40

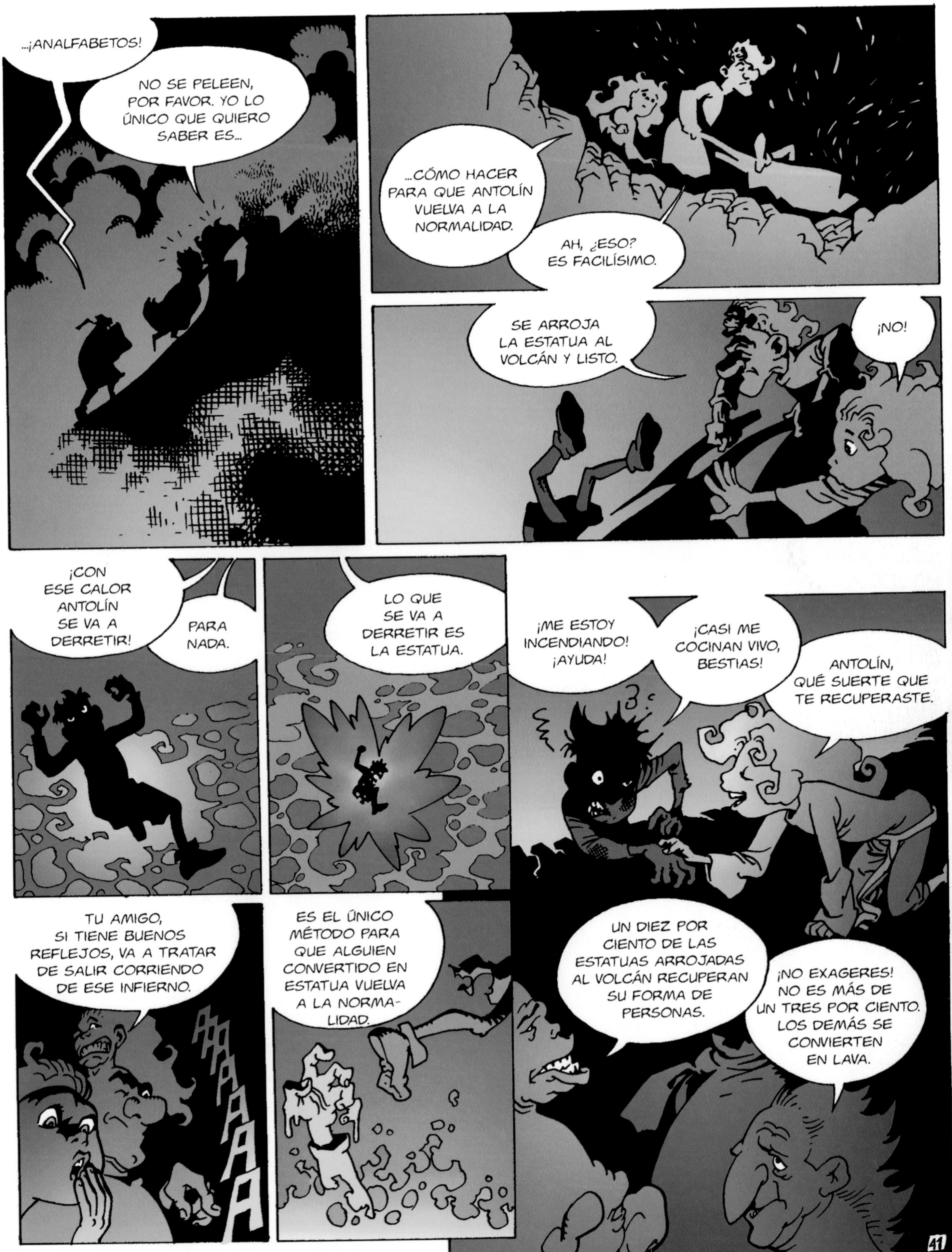
...¡ANALFABETOS!
NO SE PELEEN, POR FAVOR. YO LO ÚNICO QUE QUIERO SABER ES...
...CÓMO HACER PARA QUE ANTOLÍN VUELVA A LA NORMALIDAD.
AH, ¿ESO? ES FACILÍSIMO.
SE ARROJA LA ESTATUA AL VOLCÁN Y LISTO.
¡NO!
¡CON ESE CALOR ANTOLÍN SE VA A DERRETIR!
PARA NADA.
LO QUE SE VA A DERRETIR ES LA ESTATUA.
¡ME ESTOY INCENDIANDO! ¡AYUDA!
¡CASI ME COCINAN VIVO, BESTIAS!
ANTOLÍN, QUÉ SUERTE QUE TE RECUPERASTE.
TU AMIGO, SI TIENE BUENOS REFLEJOS, VA A TRATAR DE SALIR CORRIENDO DE ESE INFIERNO.
AAAAAAAAA
ES EL ÚNICO MÉTODO PARA QUE ALGUIEN CONVERTIDO EN ESTATUA VUELVA A LA NORMALIDAD.
UN DIEZ POR CIENTO DE LAS ESTATUAS ARROJADAS AL VOLCÁN RECUPERAN SU FORMA DE PERSONAS.
¡NO EXAGERES! NO ES MÁS DE UN TRES POR CIENTO. LOS DEMÁS SE CONVIERTEN EN LAVA.
41

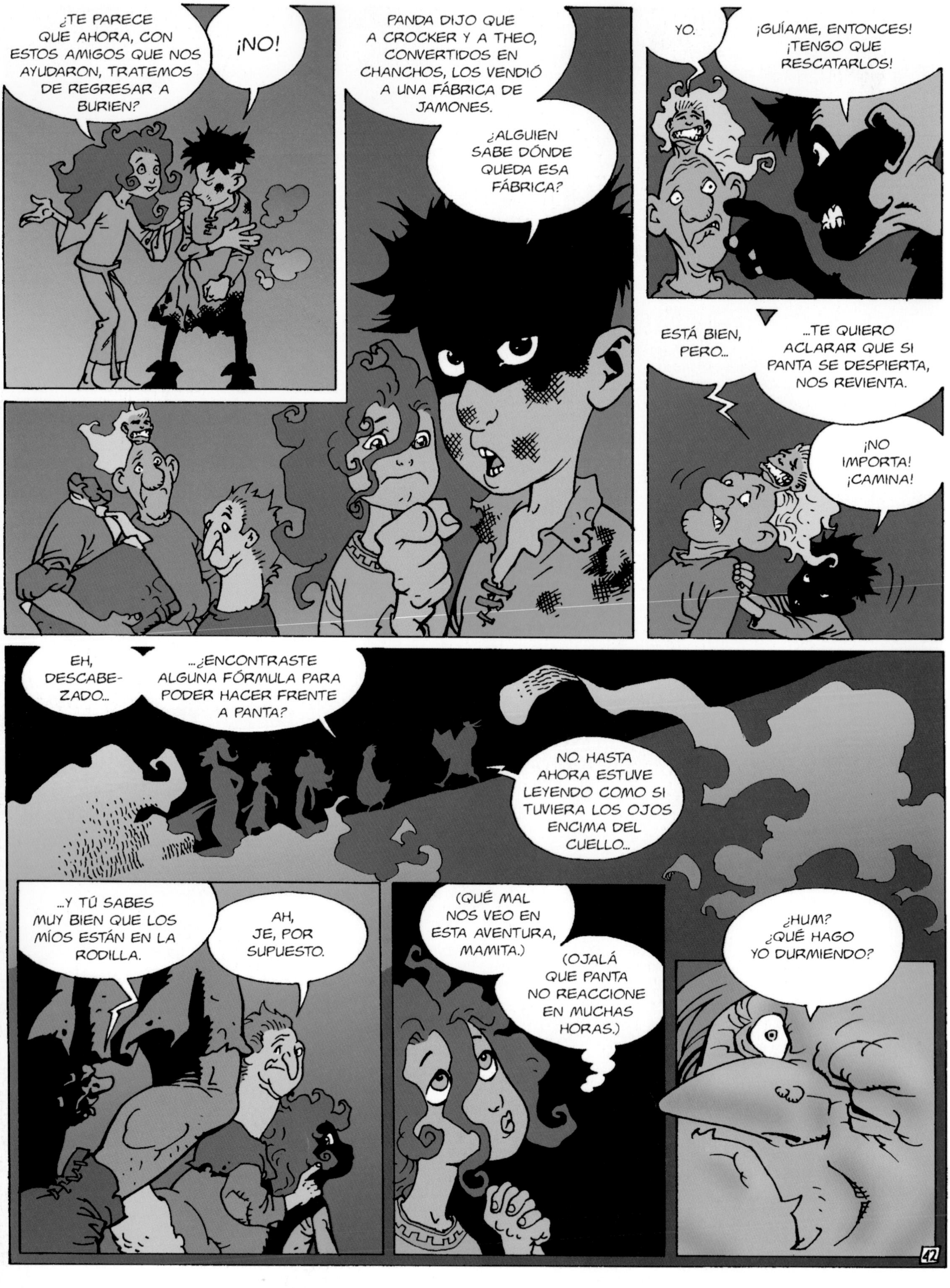
¿TE PARECE QUE AHORA, CON ESTOS AMIGOS QUE NOS AYUDARON, TRATEMOS DE REGRESAR A BURIEN?
¡NO!
PANDA DIJO QUE A CROCKER Y A THEO, CONVERTIDOS EN CHANCHOS, LOS VENDIÓ A UNA FÁBRICA DE JAMONES.
¿ALGUIEN SABE DÓNDE QUEDA ESA FÁBRICA?
YO.
¡GUÍAME, ENTONCES! ¡TENGO QUE RESCATARLOS!
ESTÁ BIEN, PERO...
...TE QUIERO ACLARAR QUE SI PANTA SE DESPIERTA, NOS REVIENTA.
¡NO IMPORTA! ¡CAMINA!
EH, DESCABE-ZADO...
...¿ENCONTRASTE ALGUNA FÓRMULA PARA PODER HACER FRENTE A PANTA?
NO. HASTA AHORA ESTUVE LEYENDO COMO SI TUVIERA LOS OJOS ENCIMA DEL CUELLO...
...Y TÚ SABES MUY BIEN QUE LOS MÍOS ESTÁN EN LA RODILLA.
AH, JE, POR SUPUESTO.
(QUÉ MAL NOS VEO EN ESTA AVENTURA, MAMITA.)
(OJALÁ QUE PANTA NO REACCIONE EN MUCHAS HORAS.)
¿HUM? ¿QUÉ HAGO YO DURMIENDO?
42

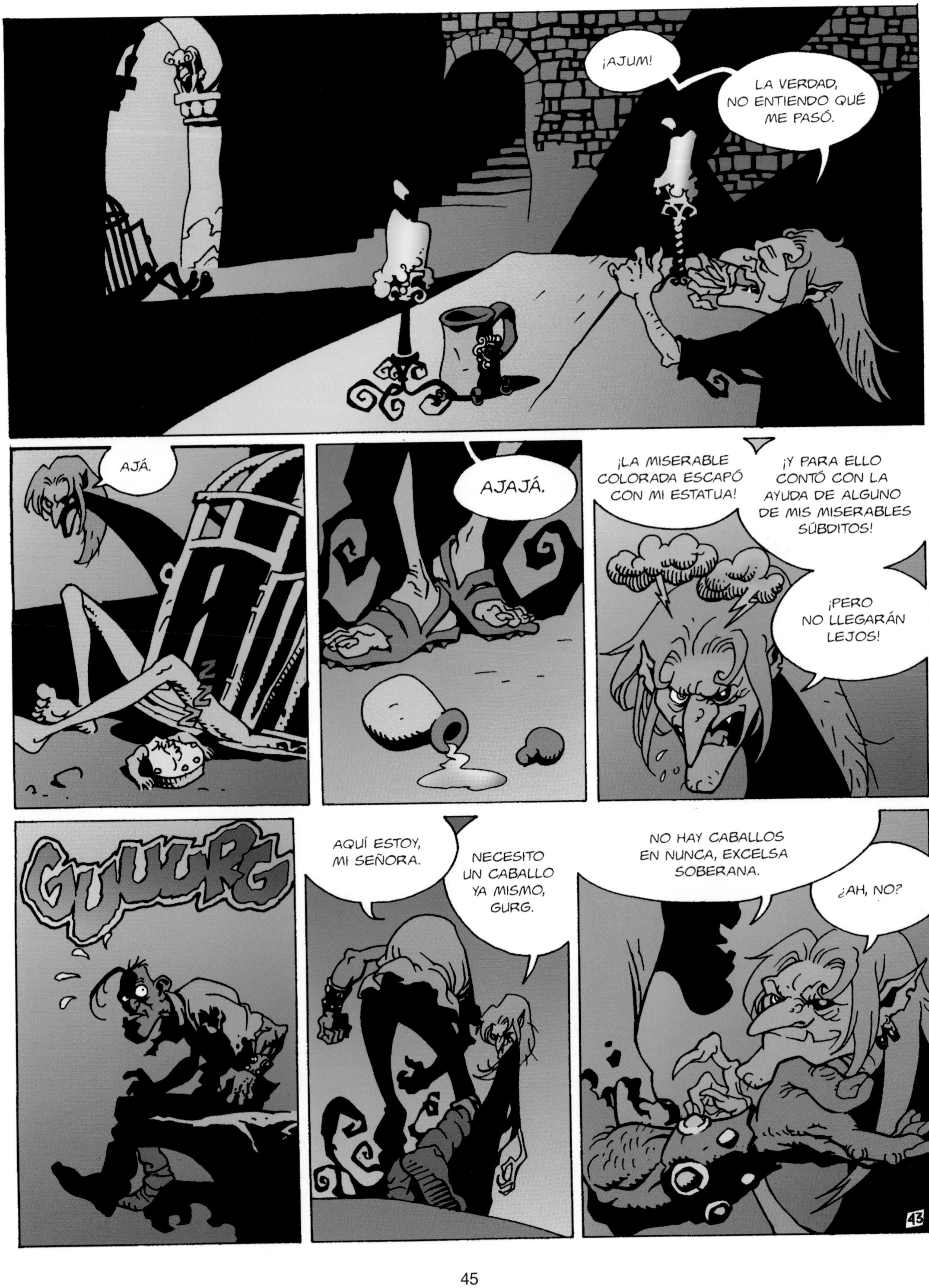
¡AJUM!
LA VERDAD, NO ENTIENDO QUÉ ME PASÓ.
AJÁ.
AJAJÁ.
¡LA MISERABLE COLORADA ESCAPÓ CON MI ESTATUA!
¡Y PARA ELLO CONTÓ CON LA AYUDA DE ALGUNO DE MIS MISERABLES SÚBDITOS!
¡PERO NO LLEGARÁN LEJOS!
GUUURG
AQUÍ ESTOY, MI SEÑORA.
NECESITO UN CABALLO YA MISMO, GURG.
NO HAY CABALLOS EN NUNCA, EXCELSA SOBERANA.
¿AH, NO?
43

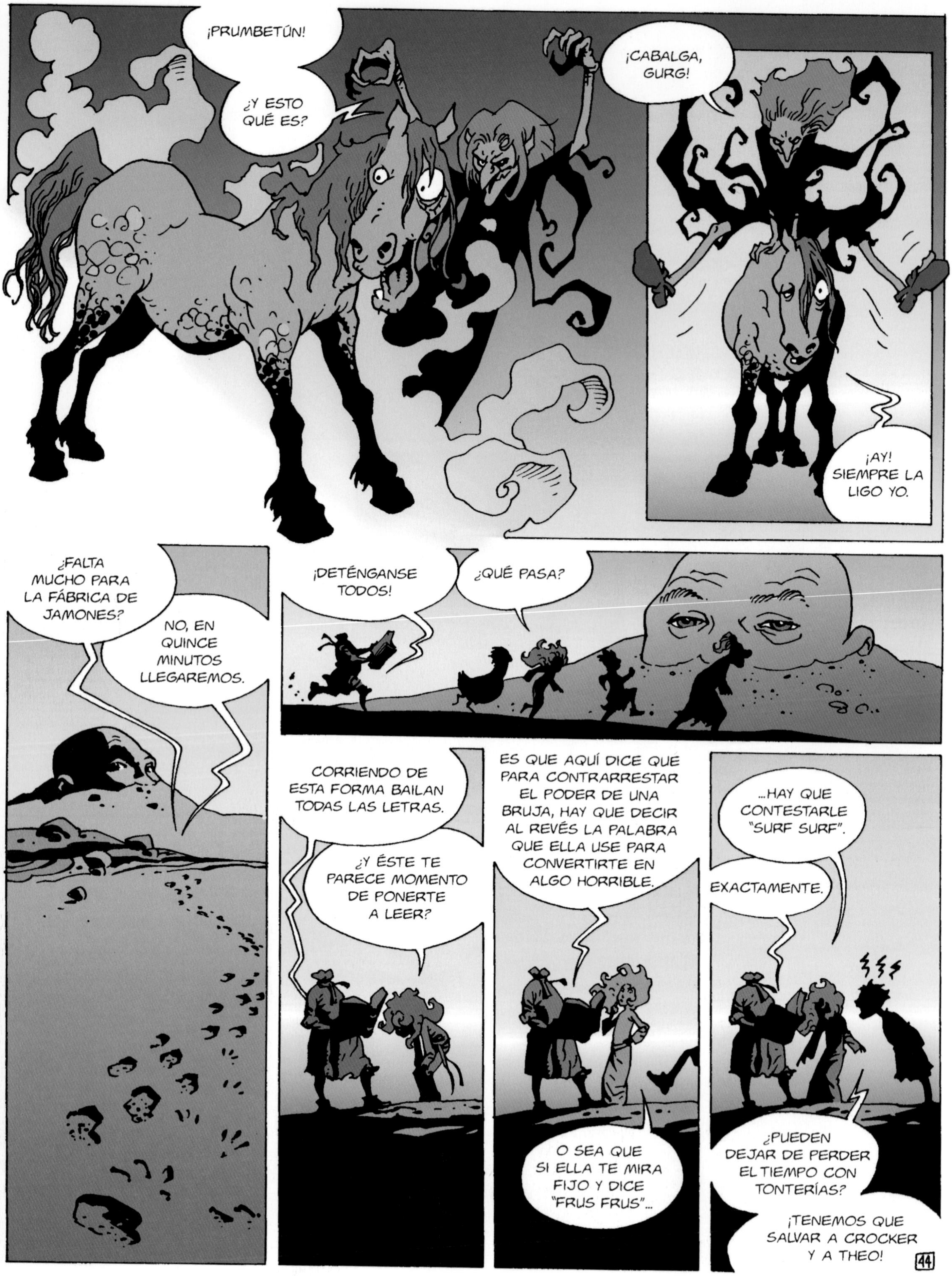
¡PRUMBETÚN!
¿Y ESTO QUÉ ES?
¡CABALGA, GURG!
¡AY! SIEMPRE LA LIGO YO.
¿FALTA MUCHO PARA LA FÁBRICA DE JAMONES?
NO, EN QUINCE MINUTOS LLEGAREMOS.
¡DETÉNGANSE TODOS!
¿QUÉ PASA?
CORRIENDO DE ESTA FORMA BAILAN TODAS LAS LETRAS.
¿Y ÉSTE TE PARECE MOMENTO DE PONERTE A LEER?
ES QUE AQUÍ DICE QUE PARA CONTRARRESTAR EL PODER DE UNA BRUJA, HAY QUE DECIR AL REVÉS LA PALABRA QUE ELLA USE PARA CONVERTIRTE EN ALGO HORRIBLE.
O SEA QUE SI ELLA TE MIRA FIJO Y DICE "FRUS FRUS"...
...HAY QUE CONTESTARLE "SURF SURF".
EXACTAMENTE.
¿PUEDEN DEJAR DE PERDER EL TIEMPO CON TONTERÍAS?
¡TENEMOS QUE SALVAR A CROCKER Y A THEO!
44

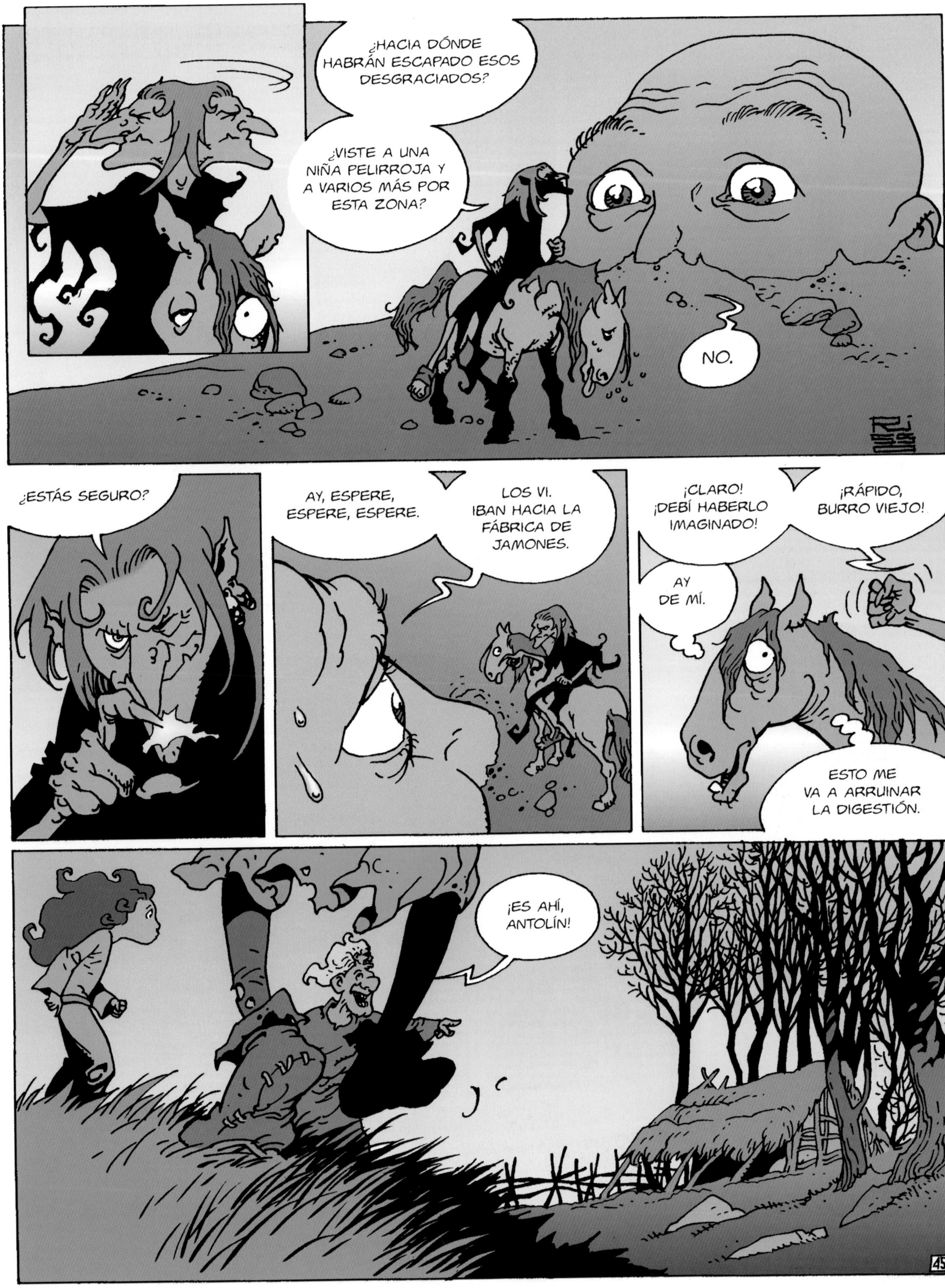
¿HACIA DÓNDE HABRÁN ESCAPADO ESOS DESGRACIADOS?
¿VISTE A UNA NIÑA PELIRROJA Y A VARIOS MÁS POR ESTA ZONA?
NO.
¿ESTÁS SEGURO?
AY, ESPERE, ESPERE, ESPERE.
LOS VI. IBAN HACIA LA FÁBRICA DE JAMONES.
¡CLARO! ¡DEBÍ HABERLO IMAGINADO!
¡RÁPIDO, BURRO VIEJO!
AY DE MÍ.
ESTO ME VA A ARRUINAR LA DIGESTIÓN.
¡ES AHÍ, ANTOLÍN!
45

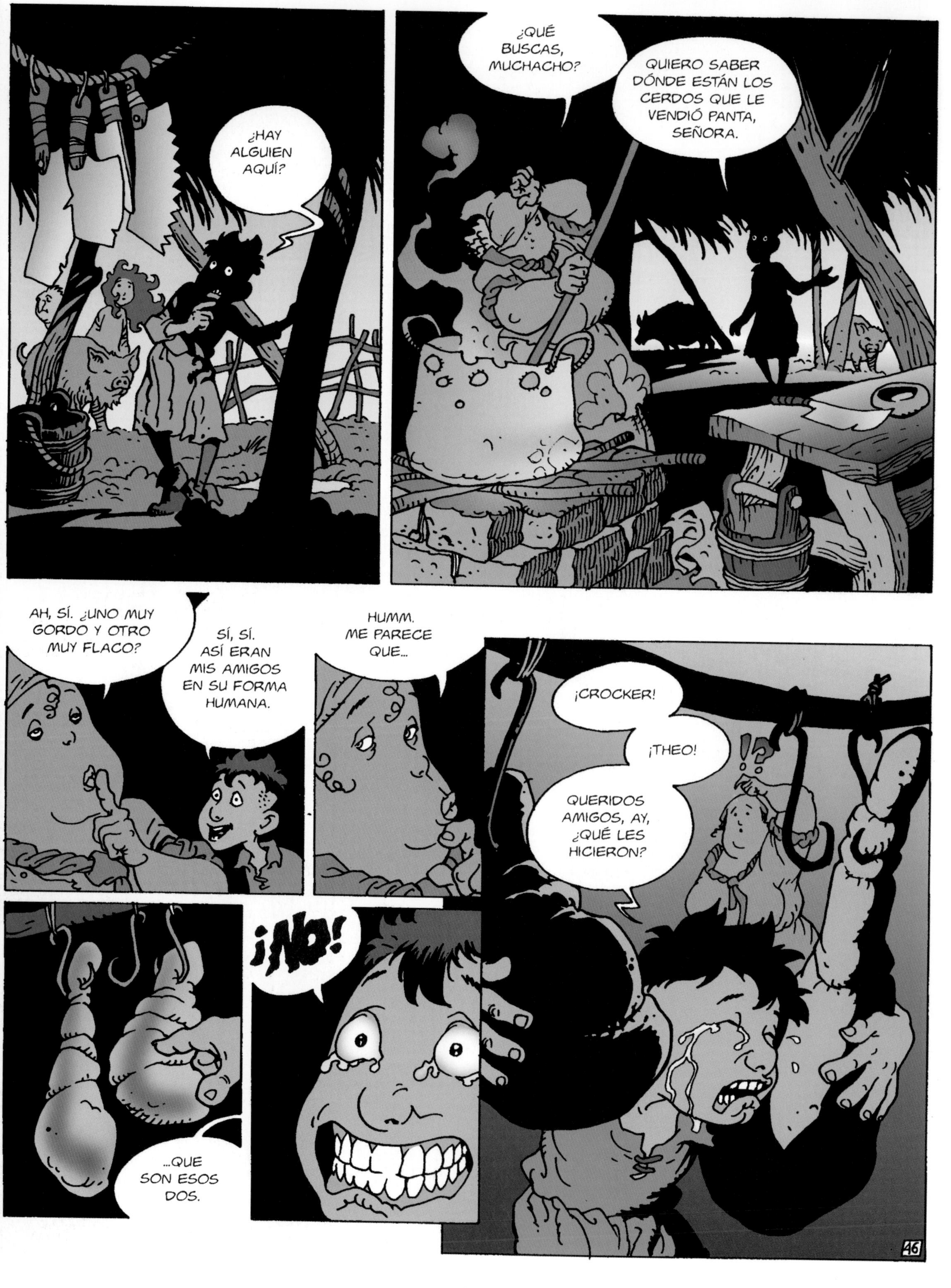
¿HAY ALGUIEN AQUÍ?
¿QUÉ BUSCAS, MUCHACHO?
QUIERO SABER DÓNDE ESTÁN LOS CERDOS QUE LE VENDIÓ PANTA, SEÑORA.
AH, SÍ. ¿UNO MUY GORDO Y OTRO MUY FLACO?
SÍ, SÍ. ASÍ ERAN MIS AMIGOS EN SU FORMA HUMANA.
HUMM. ME PARECE QUE...
...QUE SON ESOS DOS.
¡NO!
¡CROCKER!
¡THEO!
QUERIDOS AMIGOS, AY, ¿QUÉ LES HICIERON?
46

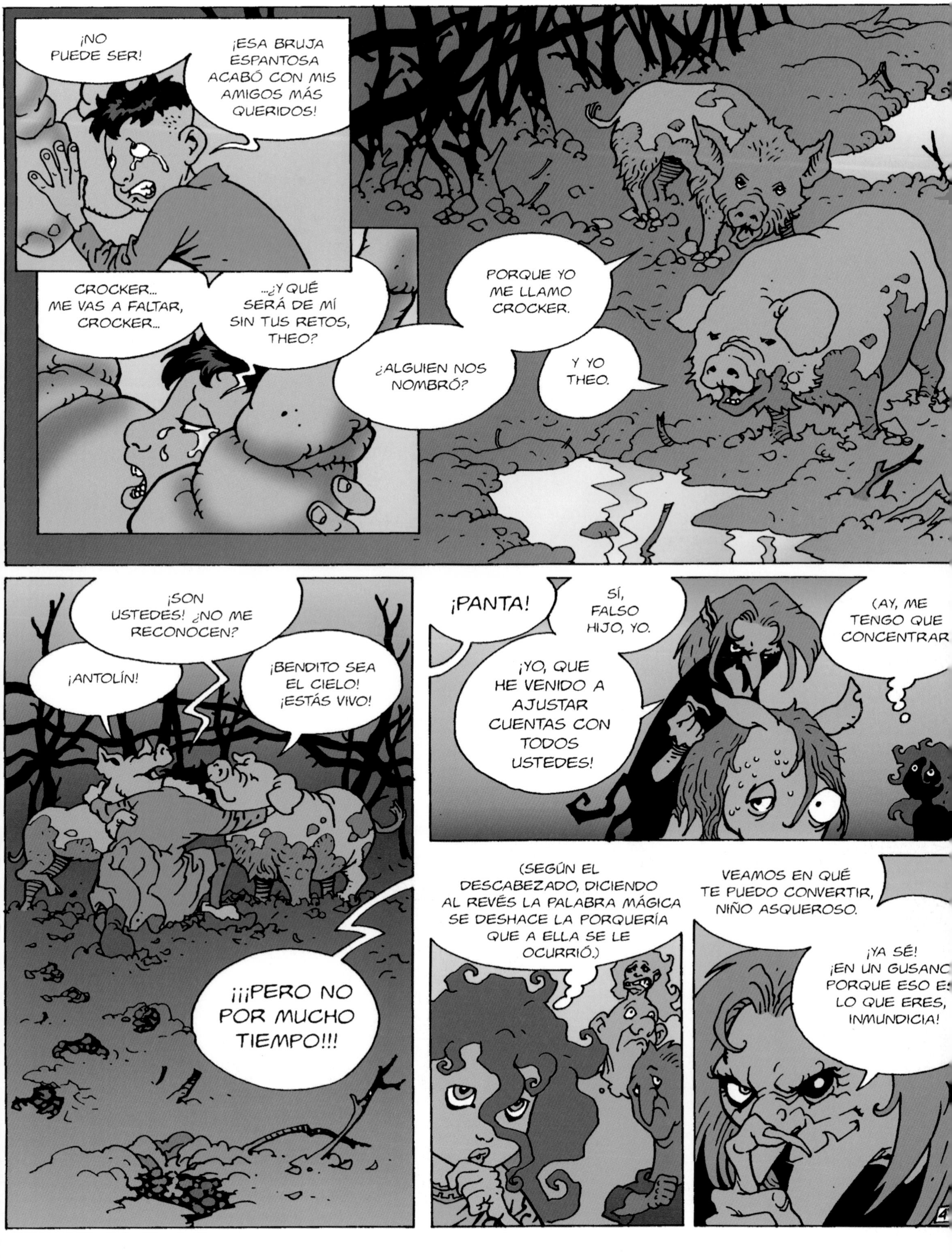

¡NO PUEDE SER!
¡ESA BRUJA ESPANTOSA ACABÓ CON MIS AMIGOS MÁS QUERIDOS!
CROCKER... ME VAS A FALTAR, CROCKER...
...¿Y QUÉ SERÁ DE MÍ SIN TUS RETOS, THEO?
PORQUE YO ME LLAMO CROCKER.
¿ALGUIEN NOS NOMBRÓ?
Y YO THEO.
¡SON USTEDES! ¿NO ME RECONOCEN?
¡ANTOLÍN!
¡BENDITO SEA EL CIELO! ¡ESTÁS VIVO!
¡¡¡PERO NO POR MUCHO TIEMPO!!!
¡PANTA!
SÍ, FALSO HIJO, YO.
¡YO, QUE HE VENIDO A AJUSTAR CUENTAS CON TODOS USTEDES!
(AY, ME TENGO QUE CONCENTRAR
(SEGÚN EL DESCABEZADO, DICIENDO AL REVÉS LA PALABRA MÁGICA SE DESHACE LA PORQUERÍA QUE A ELLA SE LE OCURRIÓ.)
VEAMOS EN QUÉ TE PUEDO CONVERTIR, NIÑO ASQUEROSO.
¡YA SÉ! ¡EN UN GUSANO PORQUE ESO ES LO QUE ERES, INMUNDICIA!

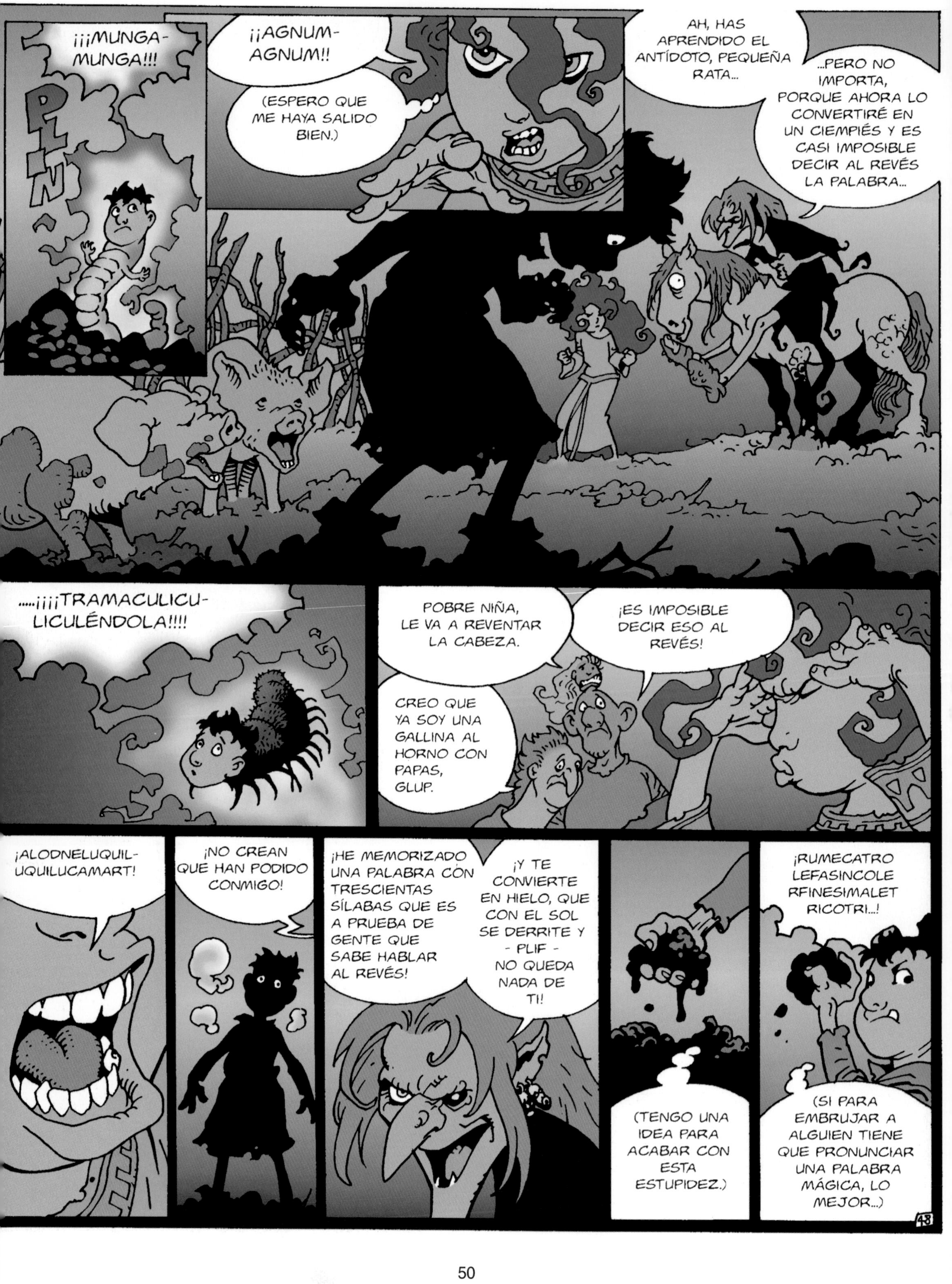

¡¡¡MUNGA-MUNGA!!!
PLIN
¡¡AGNUM-AGNUM!!
(ESPERO QUE ME HAYA SALIDO BIEN.)
AH, HAS APRENDIDO EL ANTÍDOTO, PEQUEÑA RATA...
...PERO NO IMPORTA, PORQUE AHORA LO CONVERTIRÉ EN UN CIEMPIÉS Y ES CASI IMPOSIBLE DECIR AL REVÉS LA PALABRA...
.....¡¡¡¡TRAMACULICU-LICULÉNDOLA!!!!
POBRE NIÑA, LE VA A REVENTAR LA CABEZA.
¡ES IMPOSIBLE DECIR ESO AL REVÉS!
CREO QUE YA SOY UNA GALLINA AL HORNO CON PAPAS, GLUP.
¡ALODNELUQUIL-UQUILUCAMART!
¡NO CREAN QUE HAN PODIDO CONMIGO!
¡HE MEMORIZADO UNA PALABRA CON TRESCIENTAS SÍLABAS QUE ES A PRUEBA DE GENTE QUE SABE HABLAR AL REVÉS!
¡Y TE CONVIERTE EN HIELO, QUE CON EL SOL SE DERRITE Y - PLIF - NO QUEDA NADA DE TI!
(TENGO UNA IDEA PARA ACABAR CON ESTA ESTUPIDEZ.)
¡RUMECATRO LEFASINCOLE RFINESIMALET RICOTRI...!
(SI PARA EMBRUJAR A ALGUIEN TIENE QUE PRONUNCIAR UNA PALABRA MÁGICA, LO MEJOR...)
48

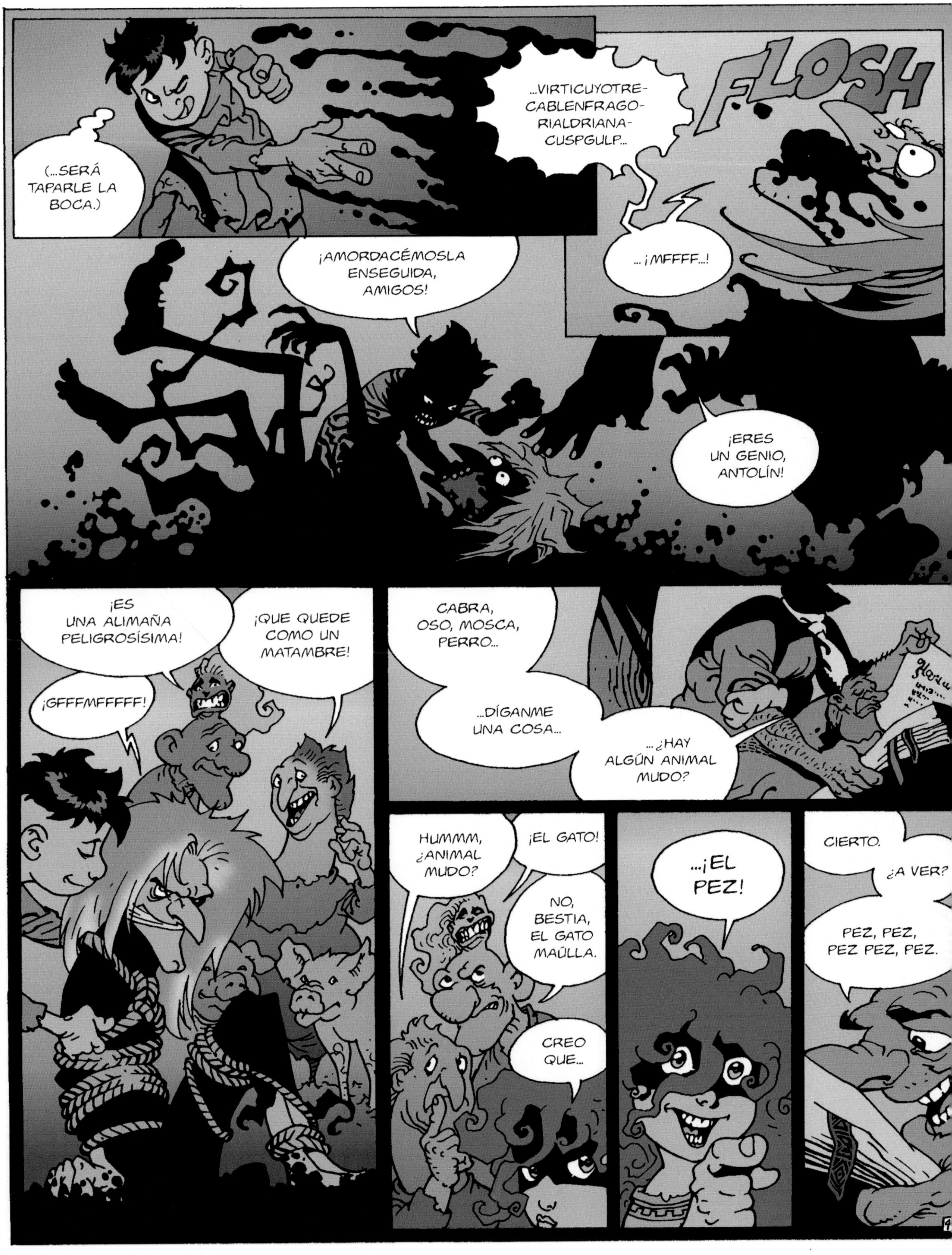
(...SERÁ TAPARLE LA BOCA.)
...VIRTICUYOTRE-CABLENFRAGO-RIALDRIANA-CUSPGULP...
FLOSH
...¡MFFFF...!
¡AMORDACÉMOSLA ENSEGUIDA, AMIGOS!
¡ERES UN GENIO, ANTOLÍN!
¡ES UNA ALIMAÑA PELIGROSÍSIMA!
¡QUE QUEDE COMO UN MATAMBRE!
¡GFFFMFFFFF!
CABRA, OSO, MOSCA, PERRO...
...DÍGANME UNA COSA...
...¿HAY ALGÚN ANIMAL MUDO?
HUMMM, ¿ANIMAL MUDO?
¡EL GATO!
NO, BESTIA, EL GATO MAÚLLA.
CREO QUE...
...¡EL PEZ!
CIERTO.
¿A VER?
PEZ, PEZ, PEZ PEZ, PEZ.

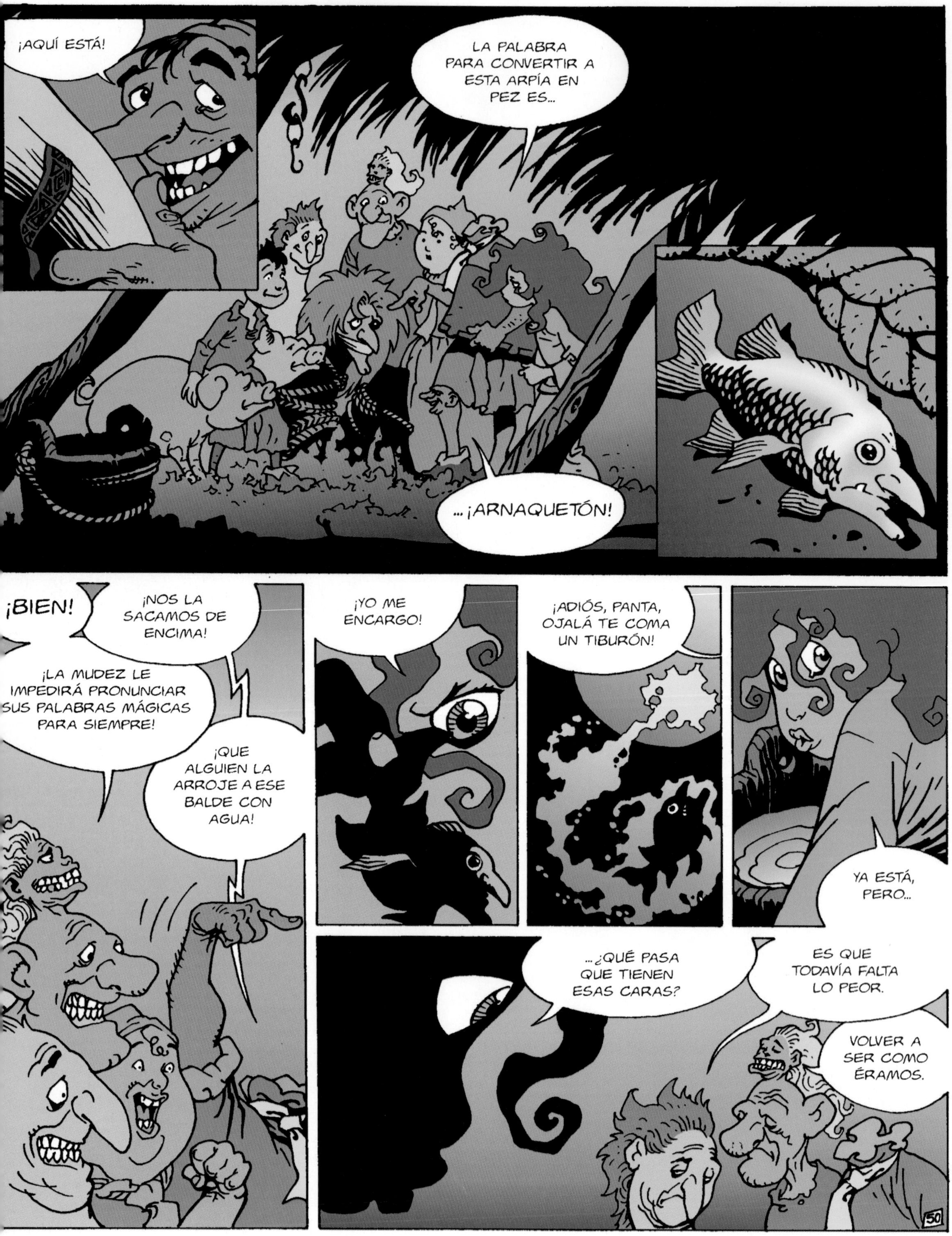

¡AQUÍ ESTÁ!
LA PALABRA PARA CONVERTIR A ESTA ARPÍA EN PEZ ES...
... ¡ARNAQUETÓN!
¡BIEN!
¡NOS LA SACAMOS DE ENCIMA!
¡LA MUDEZ LE IMPEDIRÁ PRONUNCIAR SUS PALABRAS MÁGICAS PARA SIEMPRE!
¡QUE ALGUIEN LA ARROJE A ESE BALDE CON AGUA!
¡YO ME ENCARGO!
¡ADIÓS, PANTA, OJALÁ TE COMA UN TIBURÓN!
YA ESTÁ, PERO...
... ¿QUÉ PASA QUE TIENEN ESAS CARAS?
ES QUE TODAVÍA FALTA LO PEOR.
VOLVER A SER COMO ÉRAMOS.
50

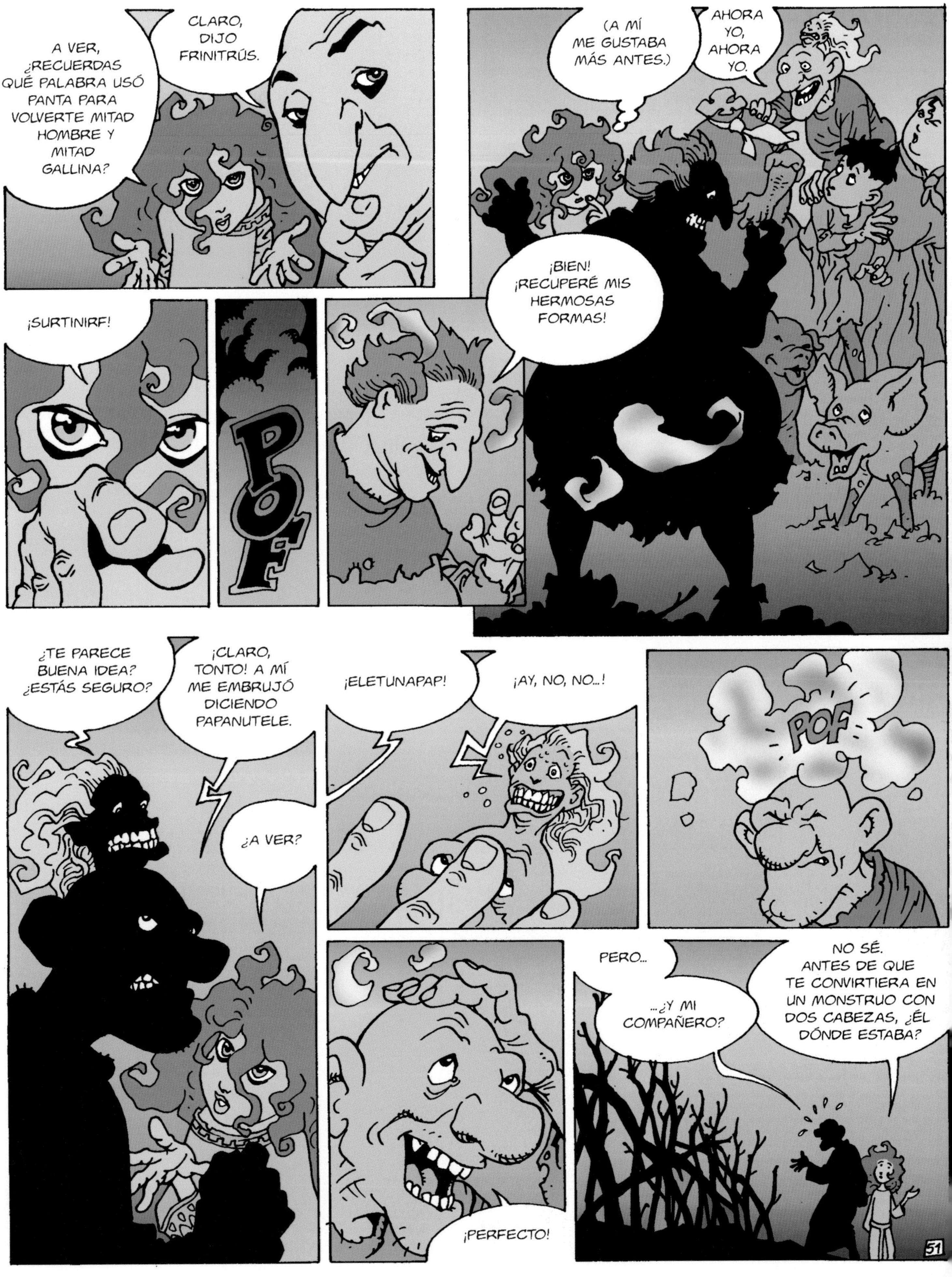
A VER, ¿RECUERDAS QUÉ PALABRA USÓ PANTA PARA VOLVERTE MITAD HOMBRE Y MITAD GALLINA?
CLARO, DIJO FRINITRÚS.
(A MÍ ME GUSTABA MÁS ANTES.)
AHORA YO, AHORA YO.
¡SURTINIRF!
POF
¡BIEN! ¡RECUPERÉ MIS HERMOSAS FORMAS!
¿TE PARECE BUENA IDEA? ¿ESTÁS SEGURO?
¡CLARO, TONTO! A MÍ ME EMBRUJÓ DICIENDO PAPANUTELE.
¿A VER?
¡ELETUNAPAP!
¡AY, NO, NO...!
POF
¡PERFECTO!
PERO...
...¿Y MI COMPAÑERO?
NO SÉ. ANTES DE QUE TE CONVIRTIERA EN UN MONSTRUO CON DOS CABEZAS, ¿ÉL DÓNDE ESTABA?
51

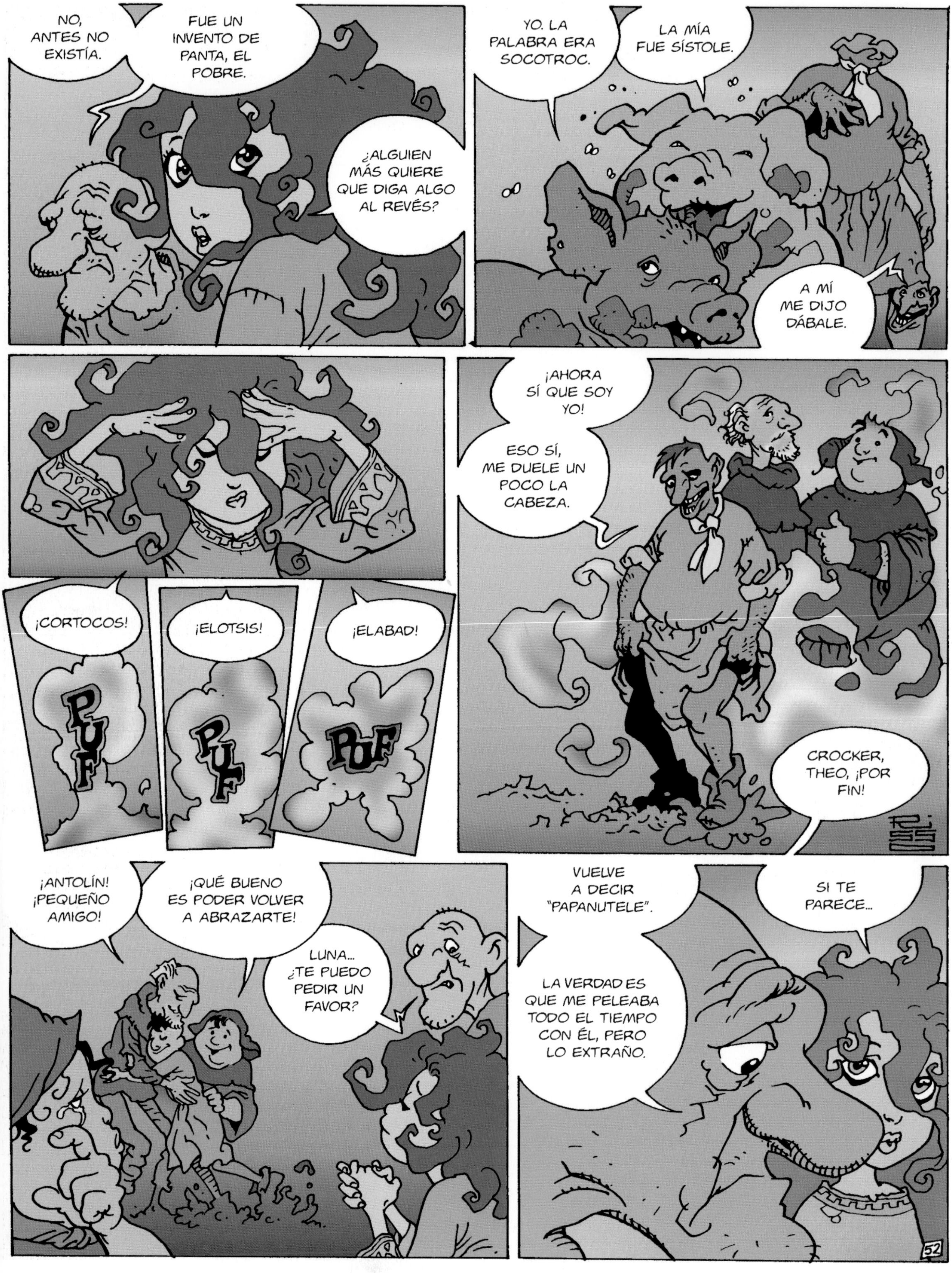
NO, ANTES NO EXISTÍA.
FUE UN INVENTO DE PANTA, EL POBRE.
¿ALGUIEN MÁS QUIERE QUE DIGA ALGO AL REVÉS?
YO. LA PALABRA ERA SOCOTROC.
LA MÍA FUE SÍSTOLE.
A MÍ ME DIJO DÁBALE.
¡CORTOCOS!
PUF
¡ELOTSIS!
PUF
¡ELABAD!
PUF
¡AHORA SÍ QUE SOY YO!
ESO SÍ, ME DUELE UN POCO LA CABEZA.
CROCKER, THEO, ¡POR FIN!
¡ANTOLÍN! ¡PEQUEÑO AMIGO!
¡QUÉ BUENO ES PODER VOLVER A ABRAZARTE!
LUNA... ¿TE PUEDO PEDIR UN FAVOR?
VUELVE A DECIR "PAPANUTELE".
SI TE PARECE...
LA VERDAD ES QUE ME PELEABA TODO EL TIEMPO CON ÉL, PERO LO EXTRAÑO.
52

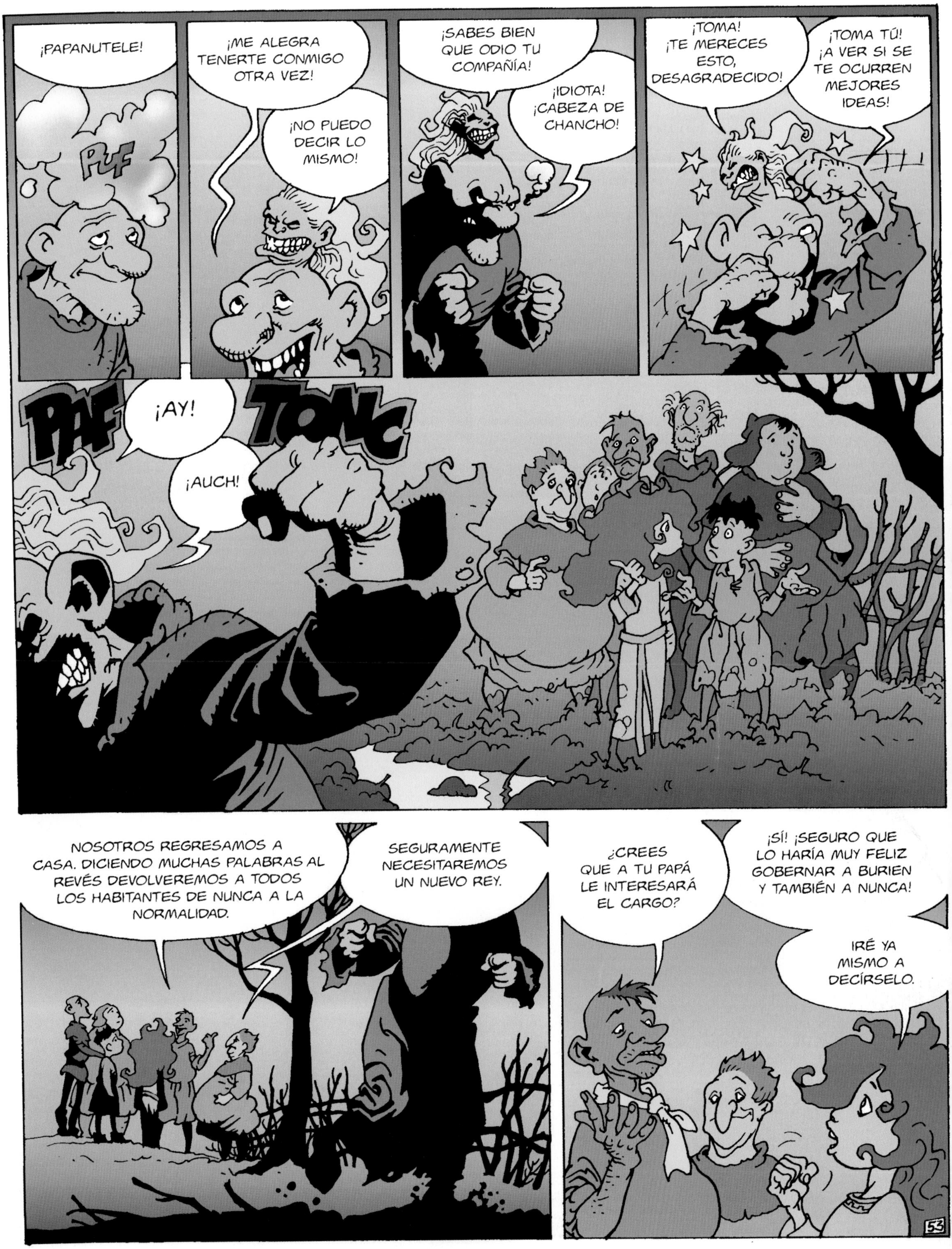
¡PAPANUTELE!
PUF
¡ME ALEGRA TENERTE CONMIGO OTRA VEZ!
¡NO PUEDO DECIR LO MISMO!
¡SABES BIEN QUE ODIO TU COMPAÑÍA!
¡IDIOTA! ¡CABEZA DE CHANCHO!
¡TOMA! ¡TE MERECES ESTO, DESAGRADECIDO!
¡TOMA TÚ! ¡A VER SI SE TE OCURREN MEJORES IDEAS!
PAF
¡AY!
TONC
¡AUCH!
NOSOTROS REGRESAMOS A CASA. DICIENDO MUCHAS PALABRAS AL REVÉS DEVOLVEREMOS A TODOS LOS HABITANTES DE NUNCA A LA NORMALIDAD.
SEGURAMENTE NECESITAREMOS UN NUEVO REY.
¿CREES QUE A TU PAPÁ LE INTERESARÁ EL CARGO?
¡SÍ! ¡SEGURO QUE LO HARÍA MUY FELIZ GOBERNAR A BURIEN Y TAMBIÉN A NUNCA!
IRÉ YA MISMO A DECÍRSELO.
53

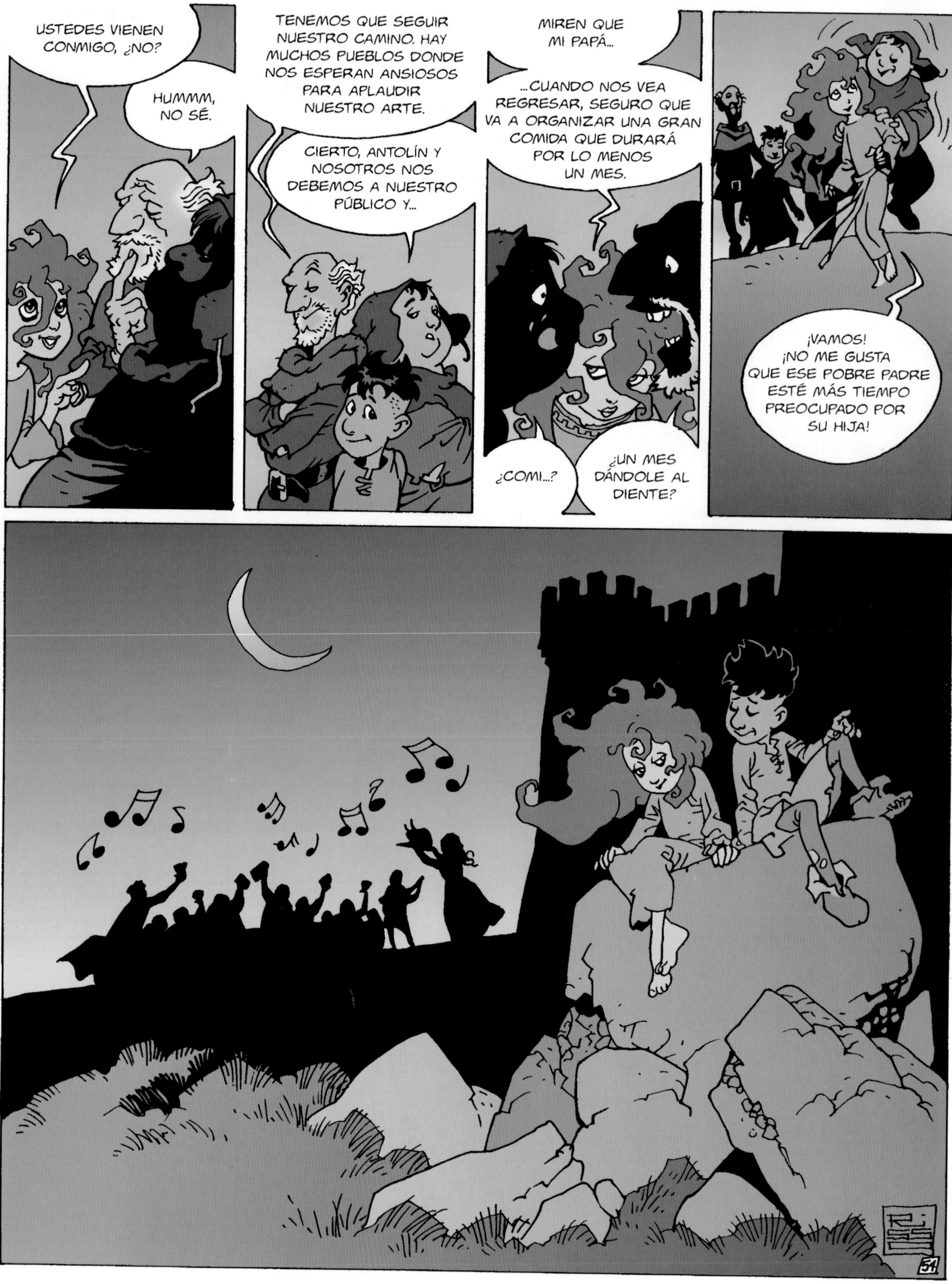
USTEDES VIENEN CONMIGO, ¿NO?
HUMMM, NO SÉ.
TENEMOS QUE SEGUIR NUESTRO CAMINO. HAY MUCHOS PUEBLOS DONDE NOS ESPERAN ANSIOSOS PARA APLAUDIR NUESTRO ARTE.
CIERTO, ANTOLÍN Y NOSOTROS NOS DEBEMOS A NUESTRO PÚBLICO Y...
MIREN QUE MI PAPÁ...
...CUANDO NOS VEA REGRESAR, SEGURO QUE VA A ORGANIZAR UNA GRAN COMIDA QUE DURARÁ POR LO MENOS UN MES.
¿COMI...?
¿UN MES DÁNDOLE AL DIENTE?
¡VAMOS! ¡NO ME GUSTA QUE ESE POBRE PADRE ESTÉ MÁS TIEMPO PREOCUPADO POR SU HIJA!